HISTÓRIA E MEMÓRIA

COMUNICAÇÃO ORGANIZACIONAL

4

HISTÓRIA E MEMÓRIA

Marlene Marchiori (org.)

Copyright © 2013 Difusão Editora e Editora Senac Rio de Janeiro. Todos os direitos reservados. Proibida a reprodução, mesmo que parcial, por quaisquer meio e processo, sem a prévia autorização escrita da Difusão Editora e da Editora Senac Rio de Janeiro.

ISBN: 978-85-7808-162-1
Código: COFAV4T2E1I1

Editoras: Michelle Fernandes Aranha e Karine Fajardo
Gerente de produção: Genilda Ferreira Murta
Coordenador editorial: Neto Bach
Assistente editorial: Karen Abuin
Copidesque: Manuella Soares
Revisão: Jacqueline Gutierrez
Capa: Cristina Thomé (Visualitá)
Ilustrações de capa: Detalhe da obra "Passeio à tarde" – 2012, do artista plástico José Gonçalves (www.josegoncalves.art.br)
Projeto gráfico e editoração: Roberta Bassanetto (Farol Editorial e Design)

Dados Internacionais de Catalogação na Publicação (CIP)
(Câmara Brasileira do Livro, SP, Brasil)

História e memória / Marlene Marchiori (org.). -- São Caetano do Sul, SP: Difusão Editora, 2013; Rio de Janeiro: Editora Senac Rio de Janeiro, 2013. -- (Coleção faces da cultura e da comunicação organizacional; 4)

Vários autores
Bibliografia.
ISBN 978-85-7808-102-7 (obra completa)
ISBN 978-85-7808-162-1 (v. 4)

1. Comunicação e cultura 2. Comunicação nas organizações 3. Cultura organizacional 4. História e memória I. Marchiori, Marlene. II. Série.

13-11389   CDD-658.45

Índices para catálogo sistemático:
1. Cultura e comunicação organizacional: Administração 658.45

Impresso no Brasil em dezembro de 2013.

SISTEMA FECOMÉRCIO-RJ
SENAC RIO DE JANEIRO
Presidente do Conselho Regional: Orlando Diniz
Diretor-Geral do Senac Rio de Janeiro: Eduardo Diniz
Conselho Editorial: Eduardo Diniz, Ana Paula Alfredo, Marcelo Loureiro, Wilma Freitas, Manuel Vieira e Karine Fajardo

Editora Senac Rio de Janeiro
Rua Pompeu Loureiro, 45/11º andar – Copacabana
CEP 22061-000 – Rio de Janeiro – RJ
comercial.editora@rj.senac.br | editora@rj.senac.br
www.rj.senac.br/editora

Difusão Editora
Rua José Paolone, 70 – Santa Paula
CEP 09521-370 – São Caetano do Sul – SP
difusao@difusaoeditora.com.br – www.difusaoeditora.com.br
Fone/fax: (11) 4227-9400

Dedico esta coleção
a minha filha Mariel.

Sumário

Agradecimentos 9

Sobre os autores 11

Apresentação da coleção 15

Apresentação da face 21

Ensaio – Um olhar sobre a história oral 27

Capítulo 1 – Memória? Isto é outra história 31
 José Carlos Sebe Bom Meihy

Capítulo 2 – Historicidade, sujeito e oralidade 43
 Juniele Rabêlo de Almeida

Capítulo 3 – Histórias e memórias: elementos constitutivos
 da expressão e da compreensão de culturas
 nas organizações 53
 Suzana Lopes Salgado Ribeiro

Capítulo 4 – História e memória como processo de reflexão
 e aprendizado 63
 Marialva Carlos Barbosa

Capítulo 5 – Memória e construção do patrimônio cultural ... 75
 João Paulo Santos Freire

Capítulo 6 – Memória e narrativa organizacional como
expressões da cultura organizacional: o poder
do *storytelling*... *85*
Paulo Nassar
Rodrigo Silveira Cogo

Capítulo 7 – Índios americanos: uma análise
antenarrativa de narrativa pelas culturas.......................101
Grace Ann Rosile
David M. Boje

Estudo de caso – Construindo a Votorantim em que acreditamos:
a formação da identidade Votorantim,
com seus valores e suas crenças de gestão 127
Gilberto Lara Nogueira
Malu Weber

Roteiro para análise da face 137
Marlene Marchiori

Posfácio – História e memória lado a lado...........................141
Andrea Paula dos Santos

Agradecimentos

Obrigada pelo envolvimento, pelo aprendizado e pelas contribuições de cada autor, pesquisador, colega e executivo de comunicação, pessoas que possibilitaram tornar a coleção *Faces da cultura e da comunicação organizacional* instigante e desafiadora.

Dirijo meu reconhecimento e agradecimento especial aos orientadores Mike Featherstone, Patrice M. Buzzanell, Sergio Bulgacov e Sidineia Gomes Freitas, os quais marcaram minha trajetória. Sou grata ainda à dedicação de Ana Luisa de Castro Almeida e ao apoio dos colegas Eda Castro Lucas de Souza, Eni Orlandi, Fabio Vizeu, Ivone de Lourdes Oliveira, Miguel L. Contani, Paulo Nassar, Regiane Regina Ribeiro, Suzana Braga Rodrigues, Vera R. Veiga França e Wilma Vilaça, e dos alunos de pós-graduação e de iniciação científica dos grupos de pesquisa que lidero.

Agradeço ao empresário Luiz Meneghel Neto e à executiva Michelle Fernandes Aranha – que, com visões empreendedoras, sempre acreditaram e incentivaram o desenvolvimento dos estudos nesse campo –, e ao apoio e ao envolvimento das equipes da Difusão Editora e da Editora Senac Rio de Janeiro.

Sobre os autores

David M. Boje

Bill Daniels Ethics Fellow, ex-professor catedrático financiado pelo Bank of America, e, pela Arthur Owens, professor catedrático de Administração de Empresas no departamento de Gestão da New Mexico State University. Concentra-se no estudo da ética, da ética da teoria crítica, do feminismo, do materialismo de agência, da "contação" de histórias e de antenarrativa nas organizações. Seus livros mais recentes são: *Dance to the Music of Story: Understanding Human Behavior through the Integration of Storytelling and Complexity Thinking* (em coautoria com Ken Baskin), *Storytelling and the Future of Organizations: An Antenarrative Handbook, Storytelling Organizations* e *Critical Theory Ethics for Business and Public Administration*. Para mais informações sobre o autor, acesse http://peaceaware.com/vita.

Gilberto Lara Nogueira

Pós-graduado em Administração de Empresas pela Fundação Getulio Vargas (FGV) com especializações no European Institute of Business Administration (Insead). Engenheiro mecânico pela Escola de Engenharia Mauá e Diretor Corporativo de Desenvolvimento Humano e Organizacional do Grupo Votorantim.

Grace Ann Rosile

Professora associada de Administração na New Mexico State University e Bill Daniels Ethics Fellow. Recebeu o prêmio Champion of Integrity, em 2005, por seu trabalho ao transformar a descoberta de alunos "colando" em sala de aula em uma oportunidade de aprendizado. Sob a perspectiva da narrativa e da "contação" de histórias, sua pesquisa aborda a ética, a integridade acadêmica e as questões indígenas. Atualmente estuda a ética de históricos entrepostos comerciais com base na narração de histórias, incluindo relatos na perspectiva de nativos norte-americanos e de não indígenas. O endereço de seu site é: www.horsesenseatwork.com.

João Paulo Santos Freire

Doutorando em Gestão de Cultura e Patrimônio, mestre em Gestão de Patrimônio Cultural pela Universitat de Barcelona e graduado em Turismo pela Universidade Estadual de Mato Grosso do Sul (UEMS). Integrante do Laboratório de Patrimônio e Turismo Cultural da Universitat de Barcelona e do Núcleo de Estudos em História Oral (Neho) da Universidade de São Paulo (USP).

José Carlos Sebe Bom Meihy

Professor titular aposentado do Departamento de História e coordenador do Núcleo de Estudos de História Oral (Neho) da Universidade de São Paulo (USP). Pesquisador do Núcleo de Estudos das Diversidades, Intolerâncias e Conflitos da USP e professor do Programa de Mestrado da Universidade do Grande Rio (Unigranrio).

Juniele Rabêlo de Almeida

Professora adjunta da Universidade Federal Fluminense (UFF). Pós-doutora em História e Culturas Políticas pela Universidade Federal de

Minas Gerais (UFMG), doutora em História Social pela Universidade de São Paulo (USP) e mestre em História pela UFMG. Integrante do Núcleo de Pesquisas em História Cultural e do Laboratório de História Oral e Imagem da UFF.

Malu Weber

Gerente-geral de Marca e Comunicação Corporativa do Grupo Votorantim; professora âncora em Gestão de Pessoas no MBA da Escola Superior de Administração, Marketing e Comunicação de Campinas (Esamc). Jornalista pela Universidade Federal do Paraná (UFPA), especialista em Comunicação de Marketing e Comunicação com o Mercado pela Escola Superior de Propaganda e Marketing (ESPM) e em Comunicação Empresarial pela Aberje em parceria com a Syracuse University.

Marialva Carlos Barbosa

Doutora e mestre em História pela UFF. Pós-doutora em Comunicação/Antropologia no Laboratoire d'anthropologie des Institutions et des Organisations da Ecole des Hautes Etudes en Sciences Sociales, na França. Prêmio Maturidade Acadêmica Intercom 2008. É professora do Programa de Comunicação e Linguagens da Universidade Tuiuti do Paraná (UTP). Professora titular da Universidade Federal do Rio de Janeiro e do Programa de Pós-Graduação em Comunicação e Cultura da Escola de Comunicação Social da Universidade Federal do Rio de Janeiro (UFRJ).

Paulo Nassar

Doutor e coordenador do curso de Relações Públicas da Escola de Comunicações e Artes (ECA) da Universidade de São Paulo (USP). Diretor-geral da Associação Brasileira de Comunicação Empresarial (Aberje). Autor dos livros *O que é Comunicação Empresarial*, *A comunicação na pequena empresa, Tudo é comunicação, RP na construção da responsabilidade histórica e no resgate da memória institucional das organizações e Comunicação todo dia.*

Rodrigo Silveira Cogo

Mestre em Ciências da Comunicação e especialista em Gestão Estratégica da Comunicação Organizacional e Relações Públicas pela Escola de Comunicações e Artes da Universidade de São Paulo (ECA-USP). Graduado em Relações Públicas pela Universidade Federal de Santa Maria (UFSM).

Suzana Lopes Salgado Ribeiro

Doutora em História Social pela Universidade de São Paulo (USP) e professora da Universidade Paulista (Unip). Pesquisadora do Centro Simão Mathias de História da Ciência da Pontifícia Universidade Católica de São Paulo (PUC-SP) e do Núcleo de Estudos em História Oral (Neho) da USP. É autora de *Vozes da marcha pela terra* (indicado para o prêmio Jabuti em 1998), *Vozes da Terra - história de vida dos assentados rurais de São Paulo e Produção do conhecimento histórico* (2009) e *Guia prático de história oral: para empresas, universidades, comunidades, famílias.*

Apresentação da coleção

Para absorver a multiplicidade e a divergência das faces da cultura e da comunicação, torna-se indispensável reexaminar conceitos e conferir-lhes novas leituras. Com esse propósito, foi criado, na Universidade Estadual de Londrina, o Grupo de Estudos Comunicação e Cultura Organizacional (Gefacescom), certificado institucionalmente no Conselho Nacional de Desenvolvimento Científico e Tecnológico (CNPq) e, nesse contexto, indispensável à visão das organizações como expressividade de cultura e comunicação.

Nessa ótica, as organizações se mostram inseridas em um mundo permeado de símbolos, artefatos e criações subjetivas ao qual chamamos de Cultura, sendo a comunicação constitutiva desses espaços realizada mediante processos interativos. Essas abordagens nos levam a compreender como organizações são constituídas, nutridas, reconstruídas e transformadas. Conhecer as implicações dos conceitos comunicação e cultura é concentrar o olhar na perspectiva processual que a cada movimento emerge em um novo contexto, um novo sentido, que se ressignifica, se institui e reinstitui nas interações, ajudando a entender os contextos, as decisões, os múltiplos ambientes e as potencialidades vivenciadas nas organizações.

A discussão da cultura na sociedade foi revelada em 1871 por Edward B. Tylor. Já no contexto organizacional, a expressão "cultura de empresa" surgiu na década de 1950 com Elliott Jaques (1951). Na década de 1980, Linda Smircich (1983) agrupou em duas as abordagens epistemológicas e metodológicas adotadas por pesquisadores: cultura concebida como variável; e cultura compreendida como metáfora da organização.

A primeira abordagem, com influência do paradigma funcionalista, trata da chamada Cultura Organizacional (CO) como aspecto que a organização tem. A segunda abordagem, com raízes no paradigma interpretativo, lida com a cultura como algo que uma organização é (SMIRCICH, 1983); por isso, trata a Cultura nas Organizações (CNO) (ALVESSON,1993). Essa última definição é mais abrangente que a primeira, pois pressupõe uma ação do indivíduo no processo, sugerindo, assim, falar-se de **CulturaS**[1] nos ambientes organizacionais em razão da multiplicidade de pessoas que, ao interagirem, fomentam diferentes formas de ser, fazendo emergir diversidades e diferenças, e não uma visão única de cultura. Assim, abordagens no campo interpretativo, crítico e pós-moderno[2] vão além da visão de cultura como variável (paradigma funcionalista) e suscitam reflexões e instigam o desenvolvimento de novas pesquisas teóricas e empíricas nos estudos organizacionais e comunicacionais.

Essas diferentes concepções fazem considerar organizações ambientes dinâmicos, interativos, discursivos, com elementos constituintes (essenciais) e constitutivos (meios e recursos) no processo de criação e de consolidação de realidades. É fundamental admitir que se vivenciam múltiplas culturas. A realidade é maleável, construída pelos indivíduos por meio de dinâmicas, processos, práticas e relacionamentos que se instituem socialmente.

Uma pessoa se revela como ser social em sua relação com outras. Dessa forma, emerge nas organizações um processo contínuo e ininterrupto de construção de culturas. Esses contextos constituídos na interação fazem sentido em determinado ponto e ascendem ao estatuto de processos institucionalizados até que o próximo questionamento dissolva essa cadeia de equilíbrios e produza uma espiralação que coloca a realidade grupal em patamar distinto daquele em que todos se encontravam.

Essa visão contemporânea modifica radicalmente a noção de cultura no contexto organizacional e de relacionamento natural com todas as áreas e os processos de construção coletiva, de onde surgem as inúmeras faces e interfaces que assume.

Ao longo dos dez volumes, ou das dez faces, desta coleção, amplia-se o olhar sobre as possibilidades de produção das interpretações possíveis de cultura, ultrapassando a abordagem de considerá-la uma variável controlada pela organização de acordo com os valores definidos pela alta direção ou pelos fundadores. A coleção desvenda e identifica múltiplas

---

[1] Nota das editoras: grifo da autora para enfatizar o plural, fazendo compreender que não há uma única cultura, mas várias.
[2] Nota da autora: paradigmas tratados neste volume da coleção.

faces, as quais possibilitam revelar conhecimentos diversificados das realidades organizacionais, com linguagem e conteúdos próprios. A face é uma singularidade, marcadora de identidade(s). Em decorrência de uma abordagem multiparadigmática, as faces podem inter-relacionar-se, possibilitando, pelas proximidades e conexões, diálogos diversificados e análises ainda mais amplas da cultura e da comunicação nas interfaces.

A teoria das faces defendida por Erving Goffman (1967) lembra que as pessoas tendem naturalmente a experimentar uma resposta emocional quando estão em contato com outras. Nesse contexto, o termo face representa "o valor social positivo que uma pessoa reclama para si por meio daquilo que os outros presumem ser a linha por ela tomada durante um contato específico" (GOFFMAN, p. 76). Dentro dessa ótica, a face é um constructo sociointeracional, uma vez que depende do outro. Uma face não se constitui no isolamento. Ela se faz "em" comunicação e no bojo das relações com o outro – trazendo as marcas dessas relações. A comunicação dá origem à dimensão do "quem somos", isto é, uma identidade que se institui e se reinstitui nas conversações – resultado de uma comunicação processual que dá alma aos fragmentos que, no seu interior, interagem.

O significado constituído por um grupo pode não ser o mesmo para outro; ainda assim, as diferenças convivem e interatuam. Então, pode-se dizer que há uma imbricação entre cultura e comunicação; nenhuma se sobrepõe à outra, uma vez que cultura interpenetra comunicação, ao mesmo tempo que comunicação interpenetra cultura.

Essa inter-relação envolve uma variedade de faces que devem ser observadas em conjunto para que sejam compreendidas adequadamente. Esta coleção revela as faces e interfaces que a cultura e a comunicação assumem no mundo das organizações. Com abordagens teóricas e práticas, apresentam-se ao leitor pensamentos contemporâneos, que ajudam a ampliar o conhecimento, e relatos de casos de empresas, que aproximam e integram os campos acadêmico e profissional. O conjunto da obra, na sua complexidade, procura refletir sobre variáveis diferentes de análise, na tentativa de instituir um diálogo entre as faces.

Comunicação em interface com cultura

Alude ao olhar para as organizações como processo, o que implica uma visão da comunicação interativa – construção de sentido entre sujeitos interlocutores. A cultura é um processo que se cria e se recria a cada nova dinâmica social, sujeita à intencionalidade do ato humano. **Casos Vale e Gerdau.**

Estudos organizacionais em interface com cultura

Essa face leva o mundo dos negócios a refletir sobre o valor do homem e suas relações nesse contexto sócio-histórico, não prevalecendo uma visão unificada da cultura, mas múltiplos processos simbólicos. **Caso Odebrecht.**

Perspectivas metateóricas da cultura e da comunicação

Ao compreender cultura e comunicação como constructos, amplia a reflexão metateórica sobre os estudos nesse campo ao considerar as perspectivas epistemológicas funcionalista, interpretativa, crítica e pós-moderna, sem o julgamento de valor de que uma perspectiva seja melhor ou mais adequada que outra. **Caso Matizes Comunicação.**

História e memória

Contempla o processo de formação da cultura como articulação da presença do indivíduo em relação ao outro ao discutir a história oral, aquela que considera os elementos humanos na sua constituição, sendo sua matéria-prima a memória, a identidade e a comunidade. **Caso Votorantim.**

Cultura e interação

O olhar recai sobre processos simbólicos e práticos, assumindo a interação como um aspecto intrínseco às organizações. São processos criados e nutridos pelos sujeitos múltiplos, os quais assumem papéis estratégicos na comunicação e posições enunciativas heterogêneas. **Caso Basf.**

Liderança e comunicação interna

Evidencia uma descentralização nos ambientes organizacionais ao expandir a visão de relacionamentos pela qual líderes e liderados realizam mudanças. Ganha destaque a comunicação interna que privilegia a constituição dos espaços de fala. **Casos Tetra Pak e Natura.**

Linguagem e discurso

A instância discursiva é um elemento da vida social, pois as práticas simbólicas são continuamente constituídas ao colocar a linguagem em funcionamento nas situações de fala que ocorrem no dia a dia das organizações. **Caso Braskem.**

Contexto organizacional midiatizado

Mídia é entendida como o principal agente contemporâneo de circulação e interconexão de fluxos humanos, materiais e imateriais. **Caso Fiat.**

Conhecimento e mudança

O conhecimento se constitui com base na ação dos sujeitos, ou seja, organizações são dependentes do ser no processo de construção do saber. **Casos Embraco e Itaú-Unibanco.**

Sociedade, comunidade e redes

Reacende o valor das discussões, dos intercâmbios e revela organizações como conjunto de elementos humanos e não humanos que englobam atores, redes e processos comunicacionais. **Casos Samarco e Fundação Dom Cabral.**

Ocorre uma abordagem de ímpeto inovador no campo dos estudos organizacionais e da comunicação quando se suscitam debates e reflexões sobre as diversas faces. Para compor o todo, esta coleção reúne acadêmicos, pesquisadores e executivos de comunicação, reconhecidos nacional e internacionalmente, testemunhas de uma nova realidade: a da cultura e da comunicação como temas conexos. Realidade que desafia os leitores a ressignificar.

Marlene Marchiori

Referências

ALVESSON, M. *Cultural perspectives on organizations.* Cambridge: Cambridge University Press, 1993.

GOFFMAN, E. On face-work, an analysis of ritual elements in social interaction. In: GOFFMAN, E. (ed.). *Interaction ritual.* Nova York: Pantheon Books, 1967.

JAQUES, E. *The changing culture of a factory*: a study of authority and participation in an industrial setting. Londres: Tavistock, 1951.

SMIRCICH, L. Concepts of culture and organizational analysis. *Administrative Science Quarterly*, v. 28, n. 3, p. 339-358, set./dez. 1983.

TYLOR, E. B. *Primitive culture*: researches into the development of mythology, philosophy, religion, languages, art and customs. Londres: John Murray, Albemarle Street, 1871.

Apresentação da face

Este volume, ou esta face, *História e memória*, o quarto da coleção *Faces da Cultura e Comunicação Organizacional* amplia nosso olhar ao discutir a história oral, que considera os elementos humanos na sua constituição. Entre seus diferentes gêneros encontram-se a história oral de vida, a temática e a tradição oral. Para Meihy e Holanda (2007), a identidade e a comunidade são matérias-primas da história oral e da memória, pois o ser não é um sujeito que vive isolado, mas se constrói e reconstrói à medida que participa de processos de socialização nos diferentes grupos que convive. Essa abordagem ressalta o valor dos indivíduos nos processos e práticas, o que permite compreender a comunicação como formativa e sugere olhar para o processo de formação da cultura como uma articulação da presença do indivíduo em relação ao outro.

Histórias orais são essencialmente subjetivas ao terem como base a memória e a identidade. A memória dos viventes guarda a corporalidade, a institucionalização, qualificando-a. Ao narrarem suas vidas, os diferentes sujeitos revelam acontecimentos, impressões e opiniões dos fatos, produtos da memória individual e coletiva. "Cada memória individual é um ponto de vista sobre a memória coletiva, e este ponto de vista muda de acordo com o lugar e as relações que a pessoa possui" (HALBWACHS, 2006, p. 51). Para Meihy (2005, p. 56), "toda narrativa é sempre e inevitavelmente construção, elaboração, seleção de fatos e impressões".

A história oral é um exercício dialógico que, além de obter dados informativos, identifica problemáticas, fatos desconhecidos e novas visões, tendo a capacidade de gerar documentos novos (MEIHY; RIBEIRO, 2011). Sua prática permite identificar de que forma as pessoas construíram determinadas experiências, por exemplo, concebendo inclusive as interpretações dos acontecimentos que ocorreram. Essas conversações revelam ao longo do processo as identidades que passam a ter sentido justamente neste espaço em que as experiências se tornam comuns. Ao considerar a história pura ou híbrida, ressalta-se o processo de transcriação – momento que a história passa de oral para escrita (MEIHY; HOLANDA, 2007), em que a fase de análise se constitui, completando o ciclo do sentido do experimento (MEIHY; RIBEIRO, 2011). É fundamental entender que histórias orais são processos que se revelam em diferentes lugares (MEIHY; RIBEIRO, 2011), como em uma realidade familiar, institucional, acadêmica ou comunitária.

Fabiola Holanda nos presenteia com suas reflexões, detalhando, no ensaio, a abordagem de cada capítulo e nos convida para um aprofundamento no campo da História e Memória, considerando as narrativas orais que se formam nas entrevistas de histórias de vida.

José Carlos Sebe Bom Meihy nos encanta ao apresentar e refletir sobre a humanização no processo de História Oral quando vislumbra que a "transformação das histórias institucionais em história das pessoas nas instituições" influi na cultura, na compreensão de comportamentos, na sensibilidade humana (MEIHY; HOLANDA, 2007). Nos inspira olhar para a cultura como um processo que se vivencia e se constrói no cotidiano, onde os sujeitos com suas identidades falam sobre "seu lugar no mundo". O capítulo instiga e nos faz refletir sobre os sujeitos como protagonistas de narrativas. Memórias são "narrações presentificadas" e Meihy chama atenção para a qualificação do "sujeito autoral".

Juniele Rabêlo de Almeida inter-relaciona historicidade, sujeito e oralidade, sugerindo novas articulações entre memória e oralidade tempo e a narrativa. A relação entre história e comunicação aborda a mediação cultural na qual a comunicação vai além da questão informacional, assumindo uma vertente no campo histórico-cultural. As interações do cotidiano indicam construções sócio-históricas e referenciais de pertencimento.

Suzana Lopes Salgado Ribeiro traz uma inter-relação entre os conceitos de história e memória, refletindo sobre suas manifestações. Ressalta o valor das ações em projetos de história e memória, destacando a possibilidade de se compreender os sentidos nas diferentes culturas que permeiam os ambientes. As ações dos sujeitos constroem a história. O capítulo apresenta o valor de uma equipe multidisciplinar para o trabalho com essas manifestações de histórias de vida. História é "conjunto de referências das memórias e da documentação", sendo memória uma "prática quase que afetiva". Dessa forma, segundo a autora, a narrativa histórica pode permitir compreender as "escolhas de uma instituição".

Marialva Carlos Barbosa discute como a história faz uso da memória como um dos conectores fundamentais para a reinterpretação do passado. A memória se constitui, então, como uma das chaves para a apreensão de um sentido no passado, sendo uma das principais aberturas nessa direção e fundamental na conformação de uma tradição. Instaura, segundo Barbosa, uma reflexão que descortina no passado a continuidade da vida, e na relação passado, presente e futuro o próprio sentido da vida humana; "história é representância".

No campo dos estudos sobre memória coletiva, **João Paulo Santos Freire** apresenta a importância de preservar e conservar símbolos emblemáticos de diversas culturas, formados pelo Patrimônio Cultural. O gerenciamento destes padrões culturais requer "ativar e gerir repertórios patrimoniais locais", mas também se preocupar com critérios aplicados a uma linguagem universal. "Patrimônio funciona dessa maneira como catalisador de fatores socialmente referidos e consagrados por critérios que legitimam a memória social." O capítulo equaciona algumas questões para a garantia de inscrição de bens públicos, e questiona a relevância de bens patrimoniais como suportes da memória e da identidade de grupos.

Paulo Nassar e **Rodrigo Silveira Cogo** ampliam o contexto da narrativa uma vez que, na contemporaneidade, o discurso voltado para o aumento da produtividade e competitividade já não se mantém. O olhar dos autores recai sobre a narrativa organizacional como expressão da cultura que incorpora os diferentes públicos em suas redes de relacionamento, na forma de suas memórias e conhecimentos, os quais demonstram o comprometimento das organizações com a sociedade ao revelarem sua responsabilidade histórica. O processo de *storytelling*, compreendido sob a ênfase das narrativas da experiência, manifesta-se como uma das formas de se incorporar esta pluralidade. "A organização é um produto cotidiano de sua memória e das vozes que trazem sua tradição."

Grace Ann Rosile e **David Boje** contam histórias *cross-cultural* usando antenarrativa. A antenarrativa destaca os movimentos de contar histórias e seus fluxos. Nesta análise, os autores consideram que as histórias indígenas são melhor compreendidas utilizando-se a "antenarrativa espiral e de ajuntamento" e os conceitos de redes de "história vivida" de Boje (2001; 2011). Os autores examinam cinco formas pelas quais a narrativa indígena difere da narrativa euro-ocidental. Antenarrativa precede o presente e é orientada para o futuro.

Conectando a face *História e memória* com o mundo dos negócios, **Gilberto Lara** e **Malu Weber** nos honram com sua participação e discutem, na essência, a prática dos valores e as crenças de gestão, evidenciando o envolvimento dos funcionários no processo de construção da identidade do Grupo Votorantim, demonstrando a prática do *storytelling*.

> Ao longo dos seus 95 anos de história, o Grupo Votorantim, um dos maiores conglomerados empresariais brasileiros, vem construindo sua cultura, internamente batizada de Identidade Votorantim. Essa Identidade é composta basicamente pelos Valores e pelas Crenças de Gestão do Grupo e foi explicitada como resultado da expansão da companhia, refletindo a evolução de sua governança corporativa e de sua própria história.

O **roteiro para análise da face** demonstra como as organizações – sejam empresas privadas, públicas ou não governamentais – refletem os valores das pessoas nos processos de construção de memória e história. Uma vez que são os indivíduos que vivenciam o cotidiano nesses ambientes, pesquisar esses valores é, sem sombra de dúvida, um desafio. As premissas apresentadas como resultado dessas pesquisas ajudam a pensar e planejar o desenvolvimento de projetos de história e memória nos diversos ambientes da sociedade.

Ao final deste volume, a leitura do posfácio de **Andrea Paula dos Santos** é provocativa e nos faz compreender que ainda há muito a pesquisar, em especial, na temática História, Memória, Cultura e Comunicação. Destaco, ainda, a importância de ampliar as análises considerando a intertextualidade e a interculturalidade em que a pluralidade se faz presente. As reflexões que se apresentam certamente nos desafiam e inspiram.

Marlene Marchiori

Referências

HALBWACHS, M. *A memória coletiva*. São Paulo: Centauro, 2006.

MEIHY, J. C. S. B. *Manual de história oral*. São Paulo: Loyola, 2005.

_____; HOLANDA, F. *História oral*. Como Fazer, Como Pensar. São Paulo: Contexto, 2007.

_____; RIBEIRO, S. L. S. *Guia prático de história oral*. São Paulo: Contexto, 2011.

Ensaio

Um olhar sobre a história oral

Nas duas últimas décadas, a moderna história oral tem se constituído numa prática relevante e significativa de investigação social, de constituição de memórias institucionais e, até mesmo, num instrumento de luta política, tanto no meio acadêmico quanto profissional e militante, alcançando uma dimensão pública mais ampla.

Uma das particularidades dessa prática é a equação entre memória, experiência e narrativas, que reúne campos de conhecimento, práticas profissionais e visões de mundo, e que discute as práticas tradicionais de pesquisa social e a ética que as envolvem, trazendo para o centro do trabalho os falares e pensares das pessoas que vivenciaram ou vivenciam determinadas realidades históricas.

O mais interessante é que esse movimento em busca da valorização do indivíduo não nasce imprescindivelmente no meio acadêmico. É também uma urgência dos grupos o registro de suas histórias num processo crescente de preocupação com a construção, preservação e difusão da memória como meio de transmissão dos valores e princípios humanos que devem nortear a trajetória das corporações, instituições e empreendimentos individuais e coletivos.

Desse modo, a história oral tem estabelecido a ponte entre as necessidades da coletividade e o conhecimento acadêmico, mediando saberes e sabores, e propondo novas concepções de história e memória. Suas relações são vistas por meio das narrativas orais constituídas nas entrevistas de histórias de vida.

O contexto histórico brasileiro relata uma série de mudanças na visão organizacional de diversos setores da sociedade civil que contribuíram para a valorização dos profissionais e o cuidado com o meio ambiente. Incentivadas por leis de responsabilidade social, empresas e instituições criaram ações e projetos que visam à construção de identidades fortes, suscitando sentimentos de pertencimento e envolvimento coletivo, reforçando a preocupação com a preservação da memória. Tal fenômeno explica-se não apenas por uma natural valorização do passado enquanto fundamento da própria identidade, mas também como um movimento instintivo de preservação e recriação desta diante de novos e constantes enfrentamentos impostos pela contemporaneidade.

História e memória – o quarto volume da coleção *Faces da cultura e da comunicação organizacional* – tem como contribuição principal mostrar como algumas organizações lidam com a valorização da memória constituída pelas histórias de vida das pessoas que fazem parte dessas instituições. O relevante processo de construção da própria história por meio de relatos de experiências pode inovar no processo de construção das relações interpessoais nas organizações. Este livro também reflete a maneira como a transmissão e a comunicação dessas experiências pode sugerir mudanças culturais nesses ambientes.

Em "Memória? Isto é outra história", sobre o conceito de memória, José Carlos Sebe Bom Meihy faz uma arqueologia do termo e mostra como, ao longo do tempo, a memória se confundiu e se descolou da História. E como seus usos e abusos serviram para mascarar práticas institucionais desumanizadas que, em vez de valorizar o humano e estabelecer uma memória global da instituição, esmagaram seus colaboradores ao centrar a história em poucos personagens. A história oral consegue "retraçar caminhos perdidos" ao valorizar as narrativas pessoais. Dessa forma, as histórias institucionais passam a ser contadas com base nas "histórias de vida dos funcionários e demais participantes das fileiras de produção e consumo" o que cria uma "nova possibilidade de entendimento da vida social".

Juniele Rabêlo de Almeida, nos diálogos propostos entre os estudos comunicacionais e os estudos históricos, analisa, em "Historicidade, sujeito e oralidade", os múltiplos caminhos na inter-relação entre historicidade, sujeito e oralidade e como as reflexões sobre a história oral possibilitam a "investigação das práticas comunicacionais e das construções sociais que inferem condições de produção e interpretação das culturas organizacionais". Esses dois campos de saber lidam, simultaneamente, com especificidades do saber histórico e perspectivas e desafios da memória coletiva: o caminho possível é a história oral constituir narrativas que possibilitem variações interpretativas do passado, mas sem a pretensão de reconstituição absoluta desse pretérito.

Suzana Lopes Salgado Ribeiro, em "Histórias e memórias: elementos constitutivos da expressão e da compreensão de culturas em organizações", propõe utilizar os conceitos de história e memória como ferramentas para o estudo das organizações que realizem projetos institucionais de história e memória e ajudar a pensar comunicação organizacional dentro e fora de empresas, ou do próprio meio acadêmico. Como esses dois conceitos são constructos elaborados por relações sociais estabelecidas, estão sujeitos a modificações no tempo e no espaço e a transformarem as pessoas envolvidas no momento em que constituem suas identidades e revelam suas idiossincrasias.

Em "História e memória como processo de reflexão e aprendizado", Marialva Carlos Barbosa nos faz pensar a memória como um dos conectores usados pela História para reinterpretar o passado de maneira que possamos refletir e aprender sobre nossas vidas. A memória e a oralidade são valorizadas nos processos de aprendizagem e o ato comunicacional abre possibilidades de compreensão e inscrição num "novo mundo".

"Memória e construção do patrimônio cultural", de João Paulo Santos Freire, reconhece a valorização do tema patrimônio cultural e discute o conceito de patrimônio e suas relações com os poderes e as construções sociais do que deveria ser guardado e, portanto, a relação entre identidade, memória coletiva e patrimônio cultural.

Paulo Nassar e Rodrigo Silveira Cogo, no capítulo "Memória e narrativa organizacional como expressões da cultura organizacional: o poder do *storytelling"*, valorizam a narrativa organizacional ao apontar sua função tanto individual quanto coletiva, pois essa permite que o indivíduo se sinta parte de uma cultura em que acredita e possa fazer contribuições importantes. E, ao mesmo tempo, se apresenta como uma ferramenta atuante de comunicação e engajamento, capaz de transmitir uma mensagem inspiradora. *Storytelling*, histórias pessoais e experiências de cada pessoa que compõe essas organizações podem ajudar na criação e na perpetuação de uma cultura organizacional própria.

Grace Ann Rosile e David Boje, em "Os índios nativos americanos: uma análise antenarrativa de narrativa pelas culturas", nos mostram que existem vários tipos de narrativas e que é preciso pensar em maneiras diferentes de analisá-las e interpretá-las. No texto, os autores apresentam a antenarrativa como uma ferramenta analítica que pode reconhecer essas diferenças e promover o entendimento *cross-cultural*.

Gilberto Lara e Malu Weber apresentam um estudo de caso sobre a experiência do Grupo Votorantim na criação de um projeto com objetivo de idealizar, estruturar e disseminar a Identidade Votorantim. Demonstram, na prática, a importância da *storytelling* nesse processo de se estabelecer uma cultura organizacional própria, que seja assumida por todos os componentes desse grupo nos mais variados lugares onde existe.

Memória, histórias de vida, ato comunicacional e narrativas como conceitos/ferramentas para a construção e o entendimento de culturas e identidades de grupos e organizações é o que une esses textos que nos fazem refletir sobre a complexa operação que é constituir essas identidades culturais, flexibilizando o passado como relato histórico, por meio das narrativas (ato comunicacional) das experiências e das visões de mundo das pessoas envolvidas nesse processo, possibilitando, assim, novas e múltiplas leituras das relações no presente e projetando caminhos futuros.

Fabíola Holanda

*Professora do Departamento de História da
Universidade Federal de Rondônia.
Coordenadora do Grupo de História Oral e Narrativas em Saúde
do Centro de História e Filosofia das Ciências da Saúde (CeHFi) da
Universidade Ferderal de São Paulo (Unifesp).*

MEMÓRIA?
ISTO É OUTRA HISTÓRIA

José Carlos Sebe Bom Meihy

É notável como no mundo globalizado o conceito de memória foi ampliado. Vinculada aos estudos sociais, a condição biológica da memória deu lugar a uma legião de alternativas e, para os menos avisados, tornou-se sinônimo da disciplina História (ROUSSO, 1998, p. 93-101). É evidente que nesses casos não são levados em conta os critérios de constituição da matéria, seus alicerces metodológicos, procedimentos operacionais e, principalmente, a base epistemológica do que se afirma.[1] Via de regra, inscrito na crítica da matéria, o passado filtrado pela memória como possível elemento explicativo de interesse dos indivíduos nas coletividades tornou-se um tópico capaz de dar contornos tangíveis a mudanças de territórios geográficos, status social, formas de convívio, soluções de bem-estar, ajustes e desajustes emocionais e de culturas que se conferem, confrontam, aceitam ou refutam. Esse processo engloba coletivos em constante processo de alteração, mexendo o agitado metabolismo planetário.

Os mecanismos de análise do passado mudaram com o tempo e o papel dos personagens ditos históricos também. Objetos e métodos exegéticos desafiam conclusões que não se esgotam em objetividades, explicações

---

[1] Procurou-se aqui fugir das assertivas dadas por autores como Peter Burke em "História como memória social". In: *Variedades de história cultural*. Rio de Janeiro: Civilização Brasileira. 2000, p. 67-89 ou Jacques Le Goff em "Memória". In: *História e Memória*. Campinas: Ed. Unicamp, 1994, p. 423-483. Esta proposta se assenta mais na independência da matéria memória social do que em sua vinculação com a História enquanto disciplina que abriga a memória.

fechadas e distanciamentos, resultantes de uma tradição que enquadrava o conhecimento histórico como científico. Os recursos indicativos derivados de novas fontes também se reconstituíram e o resultado dos processos vivenciais coletivos que anulavam singularidades mostrou-se insustentável, o que gerou grande frustração. Tal insatisfação promoveu a autonomia de narradores que, coerentes com os avanços do acesso ao conhecimento, passaram de personagens a agentes do próprio percurso, narradores de si. Foi nesse mosaico que a memória emergiu como dimensão da cidadania e do direito pessoal de "contar". Jogando-se no território democrático do consumo da produção do passado como matéria, muitos passaram a questionar o exclusivismo da história dos historiadores de ofício, ou da história feita na academia. Novos recursos despontaram em substituição a desgastados conceitos convencionais formalizados, em particular, os documentos escritos. Sobretudo, limites identitários foram atingidos por não terem sido contemplados nas possibilidades documentais que, em suas "grandes explicações", reduziam particularidades. Isso pôs em cheque a abrangência conferida pelos estados nacionais, tidos até então como fronteira determinante de caracterizações. Fracionados que somos, aderentes a múltiplas manifestações, modernamente temos que responder a várias convocações e enquadramentos – religiosos, políticos, societários, profissionais – e isso requer múltiplas construções de identidades que relativizam a cidadania em seus contornos nacionais. Sob essa ótica, não somos mais "apenas brasileiros", mas brasileiros de algum estado, de certa cidade, com vocação associativa, religiosa ou política. Contrastando com a amplitude generalizante e simplista do ser nacional, as atenções se voltam para o pequeno, singular, e novas abordagens surgem como desafios para entender e explicar percursos. Com a própria memória, cada um aprende que tem algo a dizer sobre seu lugar no mundo, sobre suas escolhas e decisões. Quando expressões comportamentais ganham aspectos coletivos, transpondo as determinações individuais, a memória – sempre social – marca sua justificativa como matéria a ser estudada. Na melhor definição do tema, Halbwachs (2004, p. 71) assume que:

> Os quadros coletivos da memória não se resumem em datas, nomes e fórmulas, que eles representam correntes de pensamento e de experiência onde reencontramos nosso passado porque este foi atravessado por isso tudo.

Os incessantes movimentos de grupos que transitam no espaço globalizado motivado pelo que se convencionou chamar de modernidade têm implicado ressignificações dos processos de pertencimento relatados por Bauman.[2] O verbo mudar se instalou no sentido das transformações inevitáveis e negociações; relativismos e (in)tolerâncias tornaram-se desafios dos novos modos de convívio. Nos sistemas políticos abrangentes e até nos contatos de âmbito privado, o outro se tornou repto ao exigir racionalizações submetidas a constantes vulnerabilidades. O que resiste e se perpetua é a eterna busca dos porquês existenciais e das readequações do que somos ante um mundo formidável, impulsionado como nunca a acelerados câmbios. É exatamente nessa senda que as assertivas sobre o pretérito se impõem obstinadamente, em particular no que tangencia as pessoas em seu tempo e espaço imediatos.[3] Quem somos? Para onde vamos? Qual é o nosso lugar no espaço social e no trabalho?[4]

O momento vivencial se tornou um duelo de entendimentos. A "presentificação", a necessidade premente de se entender e se comunicar socialmente neste confuso e atormentado conjunto de apressadas negociações culturais ganhou urgência explicativa. Sem uma noção ajustada do conceito de experiência, ou de percepção dos seres humanos, a começar pela própria síntese sempre subjetiva, é difícil entender os indivíduos em seu espaço/tempo (BENJAMIN, 1993). Nessa linha, a noção de experiência vibrou como tônus capaz de se diferenciar da trajetória. Sim, o teor da experiência é mais sutil, menos planejado e suscetível às plurais variações, mas é muito mais rico por agasalhar mudanças incondicionais e progressivas. O suposto do imediato torna-se essência definidora do ponto de partida para as reconsiderações existenciais de indivíduos e grupos. A noção do vivido se impõe como dimensão da vida e do direito das pessoas (SANTOS, 2000). Ter a própria história, pessoal, intransferível e autodefinida em narrativas próprias ou autorais passou a ser um exercício além das forças e formas exteriores de justificação vital.[5] A consciência dessa premissa, por sua vez, inverte drasticamente a tradição narrativa que implica iniciar explicações desde pretéritos remotos, distantes ou evolutivos.

---

[2] Os textos de Zygmunt Bauman servem de esteio aos fundamentos teóricos deste trabalho.

[3] Autores tem retraçado a mudança do critério analítico passado/presente/passado evidenciando a perturbação causada pela prática analítica do passado para o presente. Sobre o assunto, leia-se o artigo de Michel De Certau, "L'operationhistorique" in *Faire de l'histoire, nouveaux problèmes*. Paris Gallimard, 1974; de Philipe Ariés *Le temps de l'histoire, Paris, Seuil*, 1986, e de José Carlos Reis *História a ciência dos homens no tempo*, Londrina, Eduel, 2009.

[4] As questões propostas dizem respeito à reversão do suposto indagador do passado a partir do presente. O *imediato* passa, pois, a ter fundamento organizador da visão do pretérito e isso se apoia nos supostos definidos por Foucault no artigo analisado por Philippe Artières sobre a responsabilidade de assumir o "presente" como fundamento epistemológico do olhar para o passado. Sobre o assunto ver In: Gros, Frédéric (org.) *Foucault: a coragem da verdade*. São Paulo: Parábola, 2004. p. 15-37.

[5] *Em vidas desperdiçadas*, Bauman explica o processo de exclusão do que chama de "refugo humano", justificando que a modernidade fabrica seus eleitos e enjeitados. Rio de Janeiro, Jorge Zahar, 2005. p. 20.

O suposto de estudos do longínquo para o imediato se opôs de maneira drástica à potência do presente. Expressões como "foi assim", "no começo era dessa forma" ou "era uma vez" subverteram as maneiras de contar e nada mais se completa sem um finalismo que, por fim, elide o contar pelo contar. Na aturdida busca de entendimento do ser na modernidade, a reumanização dos valores voltou a exigir uma nova ética pessoal e social. Nessa constelação, os indivíduos – "pessoas simples" – voltaram à cena, quebrando pressupostos históricos que consagravam os grandes fatos, heróis ou/ bandidos exemplares e datas importantes. O "ressurgimento" do cidadão comum, por sua vez, demandou a retomada do entendimento dos modos narrativos e de seus personagens como contadores de suas próprias sendas. Desse modo, para autores como Bruner, os "novos narradores" alçam o direito de ocupar cenas antes delegadas aos "explicadores". A "contação" ou narrativa destas pessoas ganhou foros de legitimidade e os principais elementos de suas tramas foram projetados pelo alcance dado pelos avanços da eletrônica (BRUNER, 1986).

Foi assim que a memória repontou como estratégia de peso social e sociológico e passou a ser vista em paralelo constante com a disciplina História. Seguem lado a lado, como bordas do mesmo rio: não se tocam, ainda que uma não viva sem a outra. Daí as "aproximações" entre memória e história. Esse fenômeno, no entanto, merece considerações atentas à distinção entre dois modos constitutivos das matérias. Duas grandes áreas se mostraram campo fértil e objeto de reflexões teóricas de cunho filosófico relacionadas à memória: estudo de identidades e estudo de comunidades – pessoais e coletivas. Tendo como fundamentos o pertencimento e a "presentificação" na base cultural da designação dos cidadãos numa sociedade submetida a vorazes variações, o "se apresentar" tornou-se ferramenta necessária para a humanização dos processos que exigem níveis de consciência. Assim, entre uma e outra situação, é posto um dilema exegético fundamental: memória **e** história *versus* memória **ou** história? A meditação sobre o "e" e o "ou", neste caso, não é mero jogo de palavras e requer entendimentos qualificadores do modo e direito de expressão das reflexões sobre o passado.

A constatação da força do código escrito na triunfante sociedade capitalista implicou demérito no teor, aceitação e respeitabilidade da oralidade. "Vale o que está escrito", "as palavras voam", "o que se diz não se escreve" rezam supostos legais, científicos e de ética estabelecidos por convenções anguladas pela lógica do trabalho/produção. Enquanto a consagração da letra grafada ganhou foros de prova e serviu para a qualificação do conhecimento científico, a palavra oral, falada, ficou relegada ao popular, corriqueiro, impreciso, vulnerável. Ao repetirmos "as palavras voam", desconsideramos que elas também têm seus mecanismos de funcionamento. A dialética de poder estabelecida entre as partes é mantida, ainda que a cultura vulgar veja um como duplo do outro ou, ainda, a fala como espelho do escrito e vice-versa. Com raras investidas na profundidade do mar filosófico sobre formas de expressão dos dois códigos, o escrito se fez hegemônico. Ao oral restou sobreviver na sabedoria dita popular, à espera do momento em que os estudos sobre memória emergissem com teor revigorado.

Séculos de estudos acumularam sólidas camadas até que emergisse a consciência de que escrita e fala são códigos diferentes que se expressam de maneira diversa, produzindo efeitos distintos, nem sempre complementares (MARCUSCHI, 2003). Tudo fica mais complexo quando o conceito de memória ganha campo e tráfico analítico, e, dessa forma, escapa primeiro dos fundamentos biológicos, religiosos e, por fim, dos linguísticos. Por longo tempo, submetidas ao crivo dominante da escrita, as considerações sobre a memória de expressão oral passaram gradativamente a serem valorizadas quando demonstradas e ressignificadas pelas dimensões grafadas. No império prestigiado pela cultura letrada, a memória de expressão escrita virou gênero literário e sobre essa manifestação repontam as mesmas leis de prestígio das formas escritas em geral. Uma ocorrência, contudo, é a expressão mnemônica "estabelecida por escrito" e outra, assaz diversa, a "contada oralmente". Neste ponto, é fundamental retomar a significância das manifestações dos dois códigos. É lógico que a base conceitual da memória é a mesma – seja para a expressão escrita ou para a falada – e que parte dos indivíduos em suas singularidades, mas sua expressão é completamente diferente, liga-se a fatores que interferem no resultado expresso.

Enquanto a escrita implica uso de alguns sentidos coordenados segundo o comando de um tempo e materialidade específicos – mormente o uso do tato e do olhar em detrimento do ouvido –, a fala demanda outros sentidos. No primeiro caso podemos parar, apagar, riscar, refazer, "pausar" e redizer quantas vezes for necessário. Sobretudo, não há na fala direta mediação como no texto escrito. Os contatos diretos ou aproximados por mecanismos de interlocução determinam diferenças graves. Como considera Hilgert, a fala pode ser "relativamente não planejada", e isso decorre da conjuntura na qual é realizado o contato "direto, face a face" e por manifestar-se por "descontinuidades frequentes", derivadas de "ordem cognitivo-interacional" marcadas pelo *statu nascendi* da expressão. O texto dito, com certa naturalidade, se faz no instante da interação, como se fosse uma espécie de preparação para outra expressão – esta a ser escrita, materializada segundo supostos mais estáveis e até comprobatórios (HILGERT, 2000). No segundo caso, diante da oralidade, o disparo verbal sai de maneira aparentemente mecânica, rápida, imediata, sem possibilidade de se redizer, apagar ou se anular sem "correção explícita". O uso da fala é menos premeditado, submetido a espontaneidades passíveis de erros e de tantas outras interferências. Ironicamente, são essas essências que nos interessam. Afinal, seria possível entender a humanidade sem o filtro dado pelas experiências pessoais e de coletividades? E o que dizer da objetividade *versus* subjetividade?

De todo modo, perdidas no tempo as distinções entre os dois códigos, escrito e oral, viram suas saliências aplainadas e assim confundidas. O modo de produção ou de expressão de cada vertente imiscuiu-se num "mesmismo" estranho que hoje clama por alterações conceituais. Diga-se, no entanto, que o momento é oportuno e, por isso, esbanja possibilidades. Afastando-se das neutralizações que confundiam um código no outro, a consciência de dois critérios de expressão indica um caminho para o reconhecimento de cada código separadamente. A escrita, em sua proliferação documental – estabelecida por "outros" – ladrilha o chão da história. A oralidade, em sua fluidez natural, dá céus a voos próprios, sendo capaz de explicar a si mesma em lógica expressiva própria, com leis e critérios assumidos. Como a neve que parece desafiar a lei da gravidade, o oral tem suas lógicas e sutilezas cognitivas.

O longo percurso pela busca do reconhecimento da oralidade como dimensão da memória de expressão oral tem, acima de tudo, fundamentos filosóficos. O emissor passa de objeto de estudos – de "ator social" ou "informante" – a protagonista de narrativas que são próprias e que, de individuais, podem ser conferidas no coletivo (MEIHY; RIBEIRO, 2011, p. 100).[6]

É exatamente aí que se dá a almejada humanização do conhecimento. A revolução permitida pela qualificação do sujeito autoral faz com que os seres viventes, articuladores da própria percepção, tenham pleno domínio de suas experiências. Intérpretes dos caminhos trilhados junto dos fatos referenciados, esperanças, frustrações e ilusões se somam a deformações, mentiras, devaneios e exageros – atributos da condição narrativa humana. A favor dessa argumentação, por exemplo, questiona-se o quase completo abandono dos sonhos noturnos, dos pânicos e do trato de "mistérios" ou medos na documentação escrita ou convencional. Mesmo reconhecendo a fundamental validade da História como forma elaborada de conhecimento, percebe-se também a florescência imperiosa dos estudos sobre a memória.

Não seria exagerado dizer que a tendência imperial da história fez surgir o avesso, sintetizado no "mínimo eu". Foi a História que deu contorno e

---

[6] Distingo "entrevista" de "depoimento" por entender que entrevista é dialógica enquanto depoimento tem marcas "policialescas".

legitimidade às explicações que acabaram por definir, desde o século 19, os fundamentos do Estado Moderno, mas foi exatamente a extração do conteúdo humano dos processos ditos históricos que motivou a antítese que, ironicamente, justifica a oralidade na sua versão conhecida como história oral. A história oral é o lugar, por excelência, da memória de expressão verbal. Esta mesma memória é direito inalienável de todos os indivíduos, capazes de se reconhecerem na vastidão dos temas da "grande História".

Ainda que vigorem trabalhos sobre os grandes processos vivenciais históricos das estruturas socioeconômicas, geralmente queremos alcançar – e isto também acontece na História com a reconceituação de "documento" – o entendimento de microssistemas, de experiências singulares (MEIHY; RIBEIRO, 2011, p. 20-25).

Não mais são válidas apenas as histórias da industrialização, mas também a dos operários que fazem a indústria e justificam o esforço do mercado produtor e de consumo. Não apenas a história das doenças, mas a dos pacientes e dos participantes dos dramas do adoecer. Não só a história da educação, mas a dos educadores e educandos, ou somente a história do feminismo, mas a das mulheres. Tais considerações ganham corpo quando traduzimos para o presente a materialização dos critérios de ver o mundo, suas instituições e a finitude dos indivíduos, filtrados pela história. Ainda que muito tenha sido alterado, o interesse principal dos historiadores sempre foi voltado para as estruturas em sua potencialidade macro. Exemplo eloquente desse procedimento é relevância que se dá às instituições em detrimento dos dilemas humanos postos na mesa dos exames históricos. Não há como negar a magnitude das organizações institucionalizadoras no transcurso das sociedades. Naturalizamos a História institucionalmente descrita. Herança imediata disso é o devotamento ao corporativismo emanado da tradição deificada das bases materiais como forma de explicar os comportamentos. Porque não mais se aceita que os comportamentos, ações e reações pessoais e coletivas sejam motivados por impulsos externos, volta-se à valorização dos polos, humanos, capazes de reagir às forças exteriores, históricas.

Sobre o tratamento delegado ao uso de entrevistas, no geral, tangencia-se um grave problema operacional, em particular: de quantos querem abordar o critério afeito à humanização do conhecimento, via memória. No mundo capitalista marcado pelo consumo desmedido e por interesses de grupos competitivos e atentos às demandas do mercado, o que vale é a materialização institucional ou a determinação dos processos estruturais que indicam a validade das corporações. Substituindo indivíduos e coletividades humanas, o epicentro das reflexões foi deslocado para as bases materiais da vida econômica. Mimeticamente, a matéria imitou a vida e a humanidade dos artífices se esvaziou de vida própria. O que seria natural nas pessoas, nos seres humanos – a memória –, metaforicamente foi emprestado às empresas. E não somente a memória, mas também seus derivados. Dessa forma, as instituições ganharam "alma", "coração", "identidade", "vestiram a camisa" tudo sequestrado das gentes que, afinal, viram sugado seu sangue numa lenta cerimônia "vampiresca", secular, iniciada na Revolução Industrial. Foi necessário conceituar a pós modernidade para que o caminho de volta à humanização fosse enunciado pela memória individual e coletiva.

O uso da memória como atributo natural das entidades produtivas passou a ser a revelação de organismos artificiais, fábricas, instituições etc. Note-se a aparente naturalidade com que tais construções adotaram o termo incorporação. De maneira mimética, incorporação virou atributo que, ao desumanizar os funcionários e demais pessoas envolvidas nos processos produtivos, transferiu para os estabelecimentos a capacidade de produzir "memória". Com que naturalidade se fala em memória das fábricas, firmas, organismos de atendimento escolar, médico, assistencial, recreativo, esportivo ou religioso. Neste quesito mora o maior dos engodos: fábricas, entidades materiais, instituições físicas têm história, mas não memória. História é feita com documentos "aprioristicos", preexistentes, escritos e guardados. Memória é feita de narrações "presentificadas", matéria colhida no campo, com características próprias. É claro que uma entrevista oral pode passar para a condição de código escrito e ser mais um documento para história, mas sem perder sua especificidade (MEIHY; HOLANDA, 2011).

Anular os participantes e dar condição "humanizada" a empresas, indústrias e entidades se converteu em prática que justifica mecanicamente a transferência da condição humana para a institucional. Tão "natural" passa a seresta prática que, não se questiona o processo que a consagrou. Este "silenciamento" é sintomático. Por exemplo, quando se fala de "memória da instituição" e não de "memória dos funcionários na instituição" – seres humanos dotados da condição reflexiva. De forma esquisita, pode-se dizer que o ápice dessa permuta se deu ao delegar a condição de "vida" ou "morte" aos arquivos. Ainda que hoje esteja superada a "velha" nomenclatura que dava aos arquivos a condição de "vivos" ou "mortos", ou mesmo de "ativos" e "inativos", essas referências dimensionam o caráter vital transferido dos participantes, seres existentes, para objetos inanimados. Não deixa de ser bizarro alguns pesquisadores se deterem na chamada "humanização" das entidades artificiais. Longe de cumprir efeito poético ou mesmo épico, o avesso da humanização das instituições de produção do lucro ou de atendimento sóciocultural gerou uma nova ética, voltada ao sucesso empresarial.

Todavia, o que dizer da redenção dessa prática? Constelando o processo **humanizador das empresas e desumanizador das pessoas**, as ciências também retraçaram seus critérios, extraindo dos seres vivos a condição de objeto de pesquisas e análises. Ao prestar atenção às estruturas, o saber se vocacionou à produção de estudos sobre processos conjunturais nos quais a participação humana se fez subsidiária. Num reconhecimento do exagero promovido pelo movimento economicista, hoje falamos de histórias de vida dos agentes que compõem as instituições e assim buscamos retraçar caminhos perdidos. As "contações de histórias" ou as histórias de vida dos funcionários e demais participantes das fileiras de produção e consumo recuperam horizontes onde a humanização dos processos produtivos começa a brilhar como nova possibilidade de entendimento da vida social. Curiosamente, pode-se dizer que um brado foi dado pela denúncia poética de Fernando Pessoa (1999):

> (...) mas o contraste não me esmaga – liberta-me; e a ironia que há nele é sangue meu. O que deverá humilhar-me é a minha bandeira, que desfraldo; e o riso, com que deveria rir de mim, é um clarim com que saúdo e gero uma alvorada em que me faço.

Referências

ARIÉS, P. *Le temps de l'histoire*. Paris: Seuil, 1986.

BAUMAN, Z. *O mal-estar da pós-modernidade*. Rio de Janeiro: Jorge Zahar, 1997.

_____. *Globalização*: as consequências humanas. Rio de Janeiro, Jorge Zahar, 1998.

_____. *Modernidade líquida*. Rio de Janeiro: Jorge Zahar, 2000.

_____. *Em vidas desperdiçadas*. Rio de Janeiro: Jorge Zahar, 2005. p. 20.

BENJAMIN, W. Experiência e Pobreza. In: *Obras escolhidas*: magia e técnica, arte e política. São Paulo: Brasiliense, 1993. v. 1.

BRUNER, E. Ethnography as narrative. In: EDWARD, V. W. T. *The anthropology of experience*. Chicago: University of Illinois Press, 1986. p. 32-43.

CERTAU, M. L'operationhistorique. In: *Faire de l'histoire, nouveaux problèmes*. Paris: Gallimard, 1974.

GROS, F. (org.) *Foucault*: a coragem da verdade. São Paulo: Parábola, 2004. p. 15-37.

HALBWACHS, M. *A memória coletiva*. São Paulo: Centauro, 2004.

HILGERT, J. G. A construção do texto "falado" por escrito: a conversação na Internet. In: PRETI, D. (org.). *Fala e escrita em questão*. São Paulo: Humanitas, 2000. p. 17-55.

MARCUSCHI, L. A. *Da fala para a escrita*: atividades de retextualização. São Paulo: Cortez, 2003.

MEIHY, J. C. S. B; HOLANDA, F. Do oral para o escrito. In: *História oral*: como fazer, como pensar, Contexto, São Paulo, 2011. p 133 – 139.

_____; RIBEIRO, S. L. S. *Guia prático de história oral*: para empresas, universidades, comunidades e famílias. São Paulo: Contexto, 2011, p. 20-25 p. 100.

PESSOA, F. *Livro do desassossego*. Intro. e org. Richard Zenith. São Paulo: Companhia das Letras, 1999.

REIS, J. C. *História a ciência dos homens no tempo*. Londrina: Eduel, 2009.

ROUSSO, H. "A memória não é mais o que era". In: AMADO, J; FERREIRA, M. (coords.). *Usos e abusos de história oral.* Rio de Janeiro: FGV, 1998.

SANTOS, B. S. *A crítica da razão indolente*: contra o desperdício da experiência. São Paulo: Cortez. 2000.

HISTORICIDADE, SUJEITO E ORALIDADE

Juniele Rabêlo de Almeida

História e processos comunicacionais

A observação dos processos históricos relativos às experiências dos indivíduos e coletividades no tempo torna possível inscrever análises sobre valores, tradições, práticas e representações partilhadas por grupos/organizações que expressam identificações coletivas (HALL, 1999; BAUMAN, 2005). Os estudos comunicacionais dialogam com os estudos históricos, indicando múltiplos caminhos na interface historicidade, sujeito e oralidade.[1]

Reflexões sobre o sujeito histórico nos caminhos metodológicos da história oral (BOSI, 1987; FERREIRA, 1994; MEIHY, 1996; NEVES, 2006; PORTELLI, 2010; THOMPSON, 1992) possibilitam a investigação das práticas comunicacionais e das construções sociais que inferem condições de produção e interpretação das culturas organizacionais. Desde a negociação dos sentidos, relativa a posições assumidas, é possível investigar as formas como os sujeitos significam a sua história. Considera-se que as memórias coletivas

---

[1] Entende-se a comunicação como uma questão cultural: "A comunicação é questão de produção e não só de reprodução" (MARTÍN-BARBERO, 1997, p. 150). Dessa forma, a comunicação ocorre em três dimensões: "socialidade entendida como trama de interações que formam sujeitos e atores nas negociações cotidianas com o poder e as instituições; ritualidade entendida como a repetição das práticas que regula o jogo das significações e que torna possível a expressão de sentido; e a tecnicidade que compreende a técnica não como instrumento, mas como organizador perceptivo pelo qual a técnica e o discurso se articulam" (MARTÍN-BARBERO, 1990, p. 12).

(HALBAWCS, 1950; LE GOFF, 1996; NORA, 1993; POLLAK, 1989) emergem do diálogo entre os valores compartilhados; revelando-se matéria-prima para uma possível escrita historiográfica (CERTEAU, 2002).

Os estudos comunicacionais, para Martín-Barbero (1997), não recaem, necessariamente, sobre especificidades técnicas, mas sobre a posição que a comunicação assume no campo cultural. Para além dos meios, afirmam-se mediações: articulações entre práticas de comunicação e processos históricos na pluralidade de matrizes culturais. O receptor passa de decodificador a produtor de narrativas no processo de compreensão da natureza comunicativa do sujeito histórico. Diante das transformações nos estudos comunicacionais, mostra-se necessária uma investigação que se projete para o eixo da "História Cultural dos Processos Comunicacionais" – sugere-se a análise do processo comunicacional considerando seus aspectos epistemológicos, sócio-históricos, políticos e discursivos (HOHLFELDT, MARTINO; FRANÇA, 2001). O saber historiográfico se apresenta como uma área imediata à Comunicação, ao evidenciar as construções sociais. Nesse caminho, a interface "historicidade, sujeito e oralidade" fornece os subsídios necessários para a pesquisa dos processos mediáticos – observados e apreendidos das relações histórico-sociais, políticas e culturais que os envolvem.[2]

Estimula-se a observação de culturas locais, por fornecerem indícios de construções históricas que, mesmo espelhadas em fenômenos de ordem global, representam aspectos das demandas regionalizadas. Para além do aspecto heterogêneo dos debates sobre "Micro-história" (GINZBURG, 1991; LEVI, 1992; REVEL, 1998), importa perceber o princípio de variação das escalas de observação; os processos históricos serão analisados do micro/local ao macro/global.

As pesquisas em "Comunicação e Cultura" devem envolver discussões teórico-metodológicas transdisciplinares que possibilitem pôr em relevo as narrativas da experiência humana. Para Ricoeur (1994), quando compreendida, a narrativa contribui para reconfigurar o entendimento da ação humana; enxerta novos elementos temporais às configurações da ação. Historiar o processo de construção das narrativas possibilita o fornecimento de subsídios processuais para o estudo comunicacional.

Interações diárias que se configuram (e resultam) em processos comunicacionais examinam as articulações: memória/oralidade; tempo/narrativa.

---

[2] O conceito de mediação proposto por Martin-Barbero (1996) aponta os meios de comunicação para além da condição de canal, mídia, e entende que estes meios de comunicação são elementos reguladores das relações sociais e estão na própria base da constituição dessas relações. São assumidas discussões referentes aos suportes/canais como sendo da ordem do midiático e as questões referentes às interferências e mudanças socioculturais pela mediação das linguagens das mídias como sendo da ordem do mediático.

Michel Pollak (1989), partindo dos princípios inaugurados por Halbwachs (1950), destaca o conflito inerente às memórias coletivas. A construção da memória decorre das preocupações do presente. Nesse sentido, lembranças, silêncios e esquecimentos podem revelar dissensos. Governos e organizações podem, ou não, "enquadrar memórias" para forjar pertencimentos com o objetivo de manter a coesão interna e defender seus interesses. As culturas locais indicam construções e ressignificações das memórias por meio de elaborações que incorreram em diferentes referenciais de pertencimento.

Os processos comunicacionais mobilizam a construção historiográfica ao deixar vestígios, marcas e emblemas – elementos da memória coletiva. Os meios de comunicação se estabelecem como "espaço de sociabilização" (local de participação e suporte para registros da vida cotidiana) e como "espaço de memória" (MAIA; CASTRO, 2006). A comunicação amplia os "lugares de memória" e constitui-se, ela mesma, em um deles na contemporaneidade (NORA, 1993). Jacques Le Goff (1996) indica a importância dos novos arquivos (arquivos orais, arquivos audiovisuais) como espaços de memória na sociedade contemporânea (CASTELLS, 2001).

Os processos de mediatização interferem nos projetos de história. As culturas comunicacionais têm sua relevância ao expressar o jogo "lembrança/esquecimento": a historicidade é formada e reproduzida dentro de processos comunicativos e de interação diária. A comunicação potencializa a construção de narrativas historiográficas e a mediatização das relações sociais indica novas questões para o estudo da memória coletiva.[3]

Memória e oralidade

A memória é uma operação coletiva dos acontecimentos e das interpretações do passado que se quer salvaguardar (POLLAK, 1989). A memória individual é composta de construções sociais: "é um ponto de vista sobre a memória coletiva" (HALBWACHS, 1990, p. 51). Halbwachs considera que a memória coletiva envolve memórias individuais, mas não se limita a elas. A memória emerge em função de um grupo a ela devoto, sendo múltipla e fragmentada. O nosso lugar temporal é desvelado de construções e padrões coletivos de sociabilidade que engendram e resultam em memórias coletivas.

---

[3] Assume-se a seguinte discussão: os suportes/canais como sendo da ordem do midiático e as questões referentes às interferências e mudanças socioculturais pela mediação das linguagens das mídias como sendo da ordem do mediático (MARTIN-BARBERO, 1997).

Deve-se historiar a memória coletiva para conferir sentido temporal e indicar sua perspectiva histórica. Afinal, as memórias são atualizadas (no tempo presente) em um campo de disputa, para estabelecer e reforçar identificações culturais dos grupos. As memórias definidas por um trabalho de "enquadramento/oficialização" compõem o tecido social, apontando variadas estruturas organizacionais, permeadas por esquecimentos e silêncios (elementos integrantes da memória coletiva).

As memórias revelam experiências sociais de pessoas e de grupos, gerando construções narrativas que mostram elementos da memória social. Como suporte das narrativas historiográficas, as memórias são projetadas na imaginação coletiva e materializadas na representação verbal (oralidade). A memória social potencializa a constituição de identidades coletivas (MAIA; CASTRO, 2006), ao gerar espaços de reconhecimento e diferenciação. Para Pollak (1992), a memória é um elemento essencial do que se costuma chamar identidade coletiva, cuja busca é uma das atividades fundamentais dos indivíduos e das sociedades contemporâneas. A memória coletiva, quando historiada, indica o lugar, o tempo e a percepção de coerência dos elementos que formam o sujeito histórico.

A história oral destaca-se como importante procedimento metodológico. Ao evidenciar as narrativas dos sujeitos históricos, permite desenvolver e fundamentar análises pela constituição de fontes que desempenham papel primordial na relação entre memória e história. A história oral busca, dessa forma, registrar a memória viva, construindo uma imagem abrangente e dinâmica do vivido de um processo de pesquisa. De acordo com Meihy (1996), a entrevista sem projeto não é história oral:

> História oral é um conjunto de procedimentos que se iniciam com a elaboração de um projeto e continuam com a definição de um grupo de pessoas (ou colônia) a serem entrevistadas, com o planejamento da condução das gravações, com a transcrição, com a conferência do depoimento, com a autorização para o uso, arquivamento e, sempre que possível, com a publicação dos resultados que devem, em primeiro lugar, voltar ao grupo que gerou as entrevistas (MEIHY, 1996, p. 15).

O testemunho oral, como afirmam Ferreira e Amado (1996), representa o diálogo entre entrevistado e entrevistador, que registra as preocupações de, no mínimo, dois sujeitos diferentes. Em decorrência, a história oral mostra-se fruto do diálogo de diferentes identidades em um espaço de subjetividade. O pesquisador deve transformar a entrevista em um texto trabalhado, evidenciando o diálogo entrevistado/entrevistador. Sugere-se que a pesquisa no campo da oralidade percorra operações práticas:

» Agendamento, elaboração e realização das entrevistas com base na rede estabelecida.

» Transcrição, textualização e transcriação (produção dos textos documentais).[4]

» Autorização dos narradores: entrega dos textos trabalhados para possível assinatura da carta de cessão pelo colaborador.

» Análise das narrativas.

» Disponibilização das entrevistas e das publicações delas decorrentes por meio de critérios de abertura ao público.

Tais etapas de realização da história oral pretendem o respeito à narrativa autorizada pelo colaborador. O narrador-colaborador relata suas experiências de vida em um diálogo com o pesquisador da oralidade, que assume a análise da entrevista. A memória e a identidade, como objetos essenciais da história oral, podem prever a formulação de argumentos, por meio de textos estabelecidos em conjunto com os colaboradores, para possíveis políticas públicas.

O sujeito histórico revela identidades construídas socialmente sobre o processo de reconhecimento e diferenciação. O espaço temporal da construção do sujeito é configurado como um espaço de permanências e rupturas (BRAUDEL, 1990). Destacam-se, assim, a relação entre identidades coletivas e os antagonismos contemporâneos.

Temporalidade e narrativa histórica

A historicidade por meio da relação tempo/narrativa foi problematizada, respeitando as diferentes tradições, por Paul Ricoeur (1994). Para o autor, "só há tempo pensado quando narrado"; a narrativa histórica como uma "quase intriga" reúne explicação e compreensão. A historiografia expressa

---

[4] Segundo Meihy (1996), a transcrição é a passagem completa, com todos os detalhes sonoros, da entrevista gravada para o texto escrito; a textualização suprime as perguntas do entrevistador, exclui os erros gramaticais e repara as palavras sem peso semântico – os sons e ruídos são eliminados; a transcriação é a entrevista trabalhada já em sua fase de apresentação pública e deve conter a atmosfera da entrevista. Na conferência, o texto transcriado é devolvido ao colaborador para que ele analise e faça possíveis correções/alterações.

representações, porém seu caráter "quase ficcional" é controlado pela documentação, cronologia e leitura (RICOEUR, 1994). O mundo cultural é compartilhado e ressignificado pela narrativa histórica, que se traduz nas variações interpretativas do passado. A construção do conhecimento histórico como narrativa não prevê a pretensão de reconstituição absoluta do passado.[5]

Paul Veyne (1998) definiu o lugar da reflexão histórica como "modo de escrita". Ao rejeitar a ambição globalizante da disciplina histórica, apresentou a potencialidade da aplicação do método genealógico de Foucault à história. Já Michel de Certeau (1982) argumenta que a História seria ao mesmo tempo uma disciplina, uma prática e uma escrita, capaz de apontar a materialidade presente no trabalho humano. Nesse debate, é possível assumir o diálogo entre a narrativa e o mundo social real.

Cabe ao pesquisador, preocupado com a historicidade, perceber seu objeto de estudo na temporalidade – por meio dos princípios teóricos e metodológicos da ciência histórica. O discurso histórico pretende ter um conteúdo, na forma de uma narrativa, para sua legitimidade acadêmica. O texto é o lugar do discurso histórico, da delimitação de um recorte espacial e temporal (CERTEAU, 1982). A pesquisa histórica se realiza no leitor, no espectador ou no ouvinte: "a compreensão narrativa articula uma atividade lógica de composição – o autor – com a atividade histórica da recepção – o público" (REIS, 2003, p. 139).

A história encontra o seu lócus "público" para além da divulgação de um conhecimento organizado e sistematizado pela ciência, como organização e mediação das memórias locais. É possível proporcionar reflexões de comunidades/organizações sobre suas próprias histórias, estabelecendo relações entre passado e presente. Tornam-se frequentes as iniciativas que demarcam trabalhos com a memória coletiva empreendidos por áreas que dialogam com o saber histórico acadêmico (ALMEIDA, 2011).

Afirma-se a necessidade do estabelecimento de diálogos entre o saber histórico e o trabalho dos profissionais da comunicação que, por meio de reflexões no campo da oralidade e da visualidade, problematizam os seguintes temas: história das organizações, das relações públicas, da imprensa, da televisão, do rádio, da propaganda, dos patrimônios material e imaterial, entre outros. Dessa forma, os profissionais da comunicação buscam junto aos historiadores atividades de difusão e construção do conhecimento histórico – de maneira responsável e integrada – para amplas audiências, por meio dos centros de memória, dos arquivos, da literatura, do cinema, dos museus, da televisão, do rádio, das editoras, dos jornais,

---

[5] Cf. Chartier (2002).

das revistas, das organizações governamentais e não governamentais, de consultorias, entre outros espaços e meios.

Na atribuição de significados para os múltiplos vestígios da história, o pesquisador deve levar em conta as práticas e representações sociais dos sujeitos históricos. Dessa forma, as reflexões teóricas aqui expostas remetem à problemática que se abre e que deve ser sempre alimentada: quais são as especificidades do saber histórico e quais são as perspectivas e desafios do trabalho com a memória coletiva?

Referências

ALMEIDA. J. R.; ROVAI, M. G. O. (orgs.). *Introdução à História Pública*. São Paulo: Letra e Voz, 2011.

BAUMAN, Z. *Identidade*. Rio de Janeiro: Jorge Zahar Editor, 2005.

BOSI, E. *Memória e sociedade*: lembranças de velhos. São Paulo: T. A. Queiroz, 1987.

BRAUDEL, F. *O espaço e a história no mediterrâneo*. São Paulo: Martins Fontes, 1990.

BURKE, P. (org.). *A escrita da história*: novas perspectivas. São Paulo: Unesp, 1992.

CASTELLS, M. *A sociedade em rede*. São Paulo: Paz e Terra, 2001.

CERTEAU, M. *A escrita da história*. Rio de Janeiro: Forense Universitária, 1982; 2002.

CHARTIER, R. *À beira da falésia*: a história entre incertezas e inquietude. Porto Alegre: UFRGS, 2002.

GINZBURG, C. *A micro história e outros ensaios*. Lisboa: Difel, 1991.

FERREIRA, M. M. (org.). *História oral e multidisciplinaridade*. Rio de Janeiro: Diadorim, 1994.

_____; AMADO, J. (orgs.). *Usos e abusos da história oral*. Rio de Janeiro: FGV, 1996.

HALBAWCS, M. *A memória coletiva*. São Paulo: Vértice, 1990.

_____. *La mémoir ecollective*. Paris: Les Presses Universitaires de France, 1950.

HALL, S. *A identidade cultural na pós-modernidade*. Rio de Janeiro: DP&A Editora, 1999.

HOHLFELDT, A.; MARTINO, L. C.; FRANÇA, V. V. (orgs.). *Teorias da comunicação*: conceitos, escolas e tendências. Petrópolis: Vozes, 2001.

LE GOFF, J. *História e memória*. Campinas: Unicamp, 1996.

LEVI, G. Sobre a Micro-História. In: BURKE, P. (org.). *A escrita da História*: novas perspectivas. São Paulo: Unesp, 1992.

MAIA, R.; CASTRO, M. C. P. S. (orgs.). *Mídia, esfera pública e identidades coletivas*. Belo Horizonte: UFMG, 2006.

MARTÍN-BARBERO, J. De los medios a las practicas. *Cuadernos de comunicación y practicas sociales*, n. 1, p. 9-18, 1990.

_____. La Televisión o el "mal de ojo" de los intelectuales. *Revista Número*, Bogotá, n. 10, 1996.

_____. *Dos meios às mediações*: comunicação, cultura e hegemonia. Rio de Janeiro: UFRJ, 1997.

MATTELART, A.; MATTELART, M. *História das teorias da comunicação*. São Paulo: Loyola, 1999.

MEIHY, J. C. S. B. *Manual de história oral*. São Paulo: Loyola, 1996.

NEVES, L. A. *História oral*: memória, tempo, identidades. Belo Horizonte: Autêntica, 2006.

NORA, P. Entre história e memória: a problemática dos lugares. *Projeto História*, PUC, São Paulo, v.10, n. 10, p. 7-28, dez. 1993.

POLLACK, M. Memória e identidade social. *Estudos históricos*, Rio de Janeiro, v. 5, n. 10, p. 200-212, 1992.

_____. Memória, esquecimento, silêncio. *Estudos históricos*, Rio de Janeiro, vol. 2, n. 3, p. 3-15, 1989.

PORTELLI, A. *Ensaios de história oral*. São Paulo: Letra e Voz, 2010.

REIS, J. C. A especificidade lógica da história. In: REIS, J. C. *Historicismo, modernidade, temporalidade e verdade*. Rio de Janeiro: FGV, 2003.

REVEL, J. Micro análise e construção social. In. *Jogos de escalas*. A experiência da microanálise. Rio de Janeiro: FGV, 1998.

RICOEUR, P. *Tempo e narrativa*. Campinas: Papirus, 1994.

SANTOS, R. E. *As teorias da comunicação*: da fala à internet. São Paulo: Paulinas, 2003.

THOMPSON, J. B. *A mídia e a modernidade*. Petrópolis: Vozes, 2009.

THOMPSON, P. *A voz do passado*: história oral. Rio de Janeiro: Paz e Terra, 1992.

VEYNE, P. *Como se escreve a História*: Foucault revoluciona a história. Brasília: UnB, 1998.

WOLF, M. *Teorias da Comunicação*. Lisboa: Presença, 1995.

HISTÓRIAS E MEMÓRIAS: ELEMENTOS CONSTITUTIVOS DA EXPRESSÃO E DA COMPREENSÃO DE CULTURAS NAS ORGANIZAÇÕES

Suzana Lopes Salgado Ribeiro

Uma demanda (do) presente: conceituações

No universo das organizações, surge uma saudável preocupação com a escrita de suas histórias, o registro de suas memórias e a estruturação de seus acervos. Em algumas iniciativas, é possível observar empresas extrapolando muros e partilhando essas preocupações com comunidades que a cerca. Destacamos o trabalho produzido nas organizações, em que as ações de responsabilidade social tendem à expansão, colaborando para um mundo diferente e mais humano.

Nas organizações, ouvimos repetidas vezes sobre a importância de escrever suas histórias. Tarefa que deve ser realizada por uma equipe multidisciplinar, formada por historiadores, comunicadores e arquivistas que possam juntos assumir este desafio de comunicação e identificar ricas possibilidades de como a empresa se apresentará interna e externamente.

Quando uma organização produz o registro da história, busca as narrativas e memórias de funcionários e personagens envolvidos no processo de produção e construção da empresa. Além de contribuir para a história da empresa, o registro de histórias de vida (*livestory, storytelling* ou história oral) pode gerar vínculos afetivos e ligações emotivas.

Essa é uma tendência louvável e deve ser pensada como um conjunto de procedimentos: um projeto que justifique e objetive uma ação consequente – principalmente, que o registro e a escrita sejam elementos por meio dos quais possam ser compreendidas as várias faces da cultura e a própria prática de comunicação na organização. Dessa forma, importa refletir sobre diferenças e semelhanças da produção que envolve a escrita de uma história que recupera a memória da organização.

A primeira questão a ser respondida é que história e memória podem parecer muito semelhantes, mas não iguais. No entanto, o que são, afinal?

A história de uma empresa é resultado – processado por um profissional – de um mergulho no conjunto de referências das memórias e da documentação da instituição. É um exercício cognitivo, enquanto a memória é prática quase que afetiva. Como bem pontuou Meneses:

> A memória, como construção social, é formação de imagem necessária, para os processos de constituição e reforço da identidade individual, coletiva e nacional. Não se confunde com a História, que é a forma intelectual de conhecimento, operação cognitiva. A memória, ao invés, é operação ideológica, processo psicossocial de representação de si próprio, que reorganiza simbolicamente o universo das pessoas, das coisas, imagem e relações, pelas legitimações que produz (MENESES, 1992, p. 22).

Nesse sentido, memória e história, embora sejam, ambas, construções, selecionadas do diálogo do passado com o presente, não podem ser tratadas do mesmo modo, pois são diferentes. A história emerge da memória, é "filha" dela.

> No Monte Parnaso, morada das Musas, uma delas se destaca. Fisionomia serena, olhar franco, beleza incomparável. Nas mãos, o estilete da escrita, a trombeta da fama. Seu nome é Clio, a musa da História. Neste tempo sem tempo que é o tempo do mito, as musas, esses seres divinos, filhos de Zeus e de Mnemósine, a Memória, têm o dom de dar existência àquilo que cantam. E, no Monte Parnaso, cremos que Clio era uma filha dileta entre as Musas, pois partilhava com sua mãe o mesmo campo do passado e a mesma tarefa de fazer lembrar. Talvez, até, Clio superasse Mnemósine, uma vez que, com o estilete da escrita, fixava em narrativa aquilo que cantava, e a trombeta da fama conferia notoriedade ao que celebrava (PESAVENTO, 2003, p. 7).

Contudo, afirmar que há laços de parentesco tão próximos entre as duas é também admitir que existem muitas semelhanças e que as fronteiras entre história e memória são intercambiáveis e bastante tênues. É preciso observar que a memória é formada por narrativas do presente sobre o passado e isso tem certa semelhança com a própria escrita da história, que também é a sistematização de uma narrativa no presente em diálogo com o passado. Tais narrativas tanto atribuem sentido ao passado como procuram apreender o sentido a ele atribuído. Todavia, a história é também um acúmulo, um conjunto de narrativas que se sedimentaram ao longo do tempo e que comunicam algo para o presente, mudam sentidos e cambiam significados. A narrativa histórica produzida por uma cultura organizacional é ato comunicativo de grande importância para compreendermos as dinâmicas e escolhas desta instituição.

> Dizer isso é também afirmar que, mesmo parentes, memória e história não são complementares, necessariamente. Por vezes o que um grupo lembra é diferente do que a história registrou. Com isso, pode-se dizer que a relação entre história e memória pode até ser conflituosa e concorrente porque nem sempre a história consegue acreditar na memória, e a memória desconfia de uma reconstituição que não coloque em seu centro os direitos da lembrança (direitos de vida, de justiça, de subjetividade) (SARLO, 2007, p. 9).

Um contexto para esta busca do presente

O final do século 20 fabricou em seu cotidiano o passado e o presente, do qual necessitava. Por isso foi período marcado por uma onipresença invasora e massiva. Um presente já passado antes de ter completamente chegado. Esse "presentismo" causou danos e medos.

A chamada "história do tempo presente" passou das margens do campo histórico para o centro da disciplina, mudando o papel do historiador e do comunicador que se envolve com este fazer. A seleção de temas com base no presente garante à escrita da história um constante movimento.

> A reintegração do tempo presente faz varrer da visão da história os últimos vestígios do positivismo: o historiador do tempo presente sabe o quanto sua objetividade é frágil, que seu papel não é o de uma chapa fotográfica que se contenta em observar fatos, ele contribuiu para construí-los (RÉMOND, 1996, p. 208).

Existe a compreensão de que, no mundo contemporâneo ocidental, a organização de uma nova lógica do tempo e do espaço instituída pela sociedade industrial fez com que grupos identitários portadores de memórias praticamente desaparecessem. É o caso de algumas comunidades tradicionais. Nesse cenário, a história – escrita por historiadores – assume a função de atribuir sentidos e pertencimentos. Entretanto, muito a ela escapa. A história escrita é resultado de um trabalho de seleção documental e análise dos historiadores de um tempo em que se pode ou não dizer ou registrar fatos e eventos.

> As relações entre o historiador e a sociedade caminham numa via dupla. O trabalho do historiador, queira ele ou não, é produto da sociedade e do tempo em que vive. A vivência do presente afeta a construção do passado. Ao mesmo tempo, o posicionamento do historiador na sociedade marca os limites de sua visão. Suas experiências definem suas motivações e explicam o por quê e para que ele se debruça sobre a história. Seu projeto inspira-se em problemas sugeridos pela posição que assume na sociedade. Seus temas e seu método são função dos objetivos que pretende alcançar e das razões que o levam a estudar a história. Sua própria definição do que é história nasce a partir dessas coordenadas. Por outro lado, a versão que o historiador apresenta do passado contribui para a preservação ou para a mudança da sociedade. Isso confere ao historiador enorme responsabilidade e requer de todo aquele que se dedica a essa tarefa uma profunda reflexão sobre a natureza dessas relações, a fim de evitar que venha a descobrir tarde demais que tomou a via errada (COSTA, 2008, p. 8-9).

Nas últimas décadas do século 20, em um movimento de resistência frente a uma história "insuficiente", nossa sociedade descobriu-se inquieta, passou a procurar suas raízes, identidades e, para tanto, tornou-se obcecada com a memória.

Houve uma necessidade de se recuperar fatos que não tinham sido registrados pela história oficial e recuperar, no passado, sentidos perdidos no presente. Nesse afã, passamos a acreditar que toda memória precisava ser registrada. Assim, a memória se manifestava como demanda do presente, se afirmando como dever e como direito. Ao mesmo tempo, resposta é sintoma do "presentismo" que vivemos.

Como resultado dessa disputa, pode-se notar que:

> Hoje, o privilégio da definição da história-memória nacional tem a concorrência ou é contestado em nome de memórias parciais, setoriais, particula-

res (de grupos, associações, empresas, coletividades etc.), que querem se fazer reconhecer como legítimas, tão legítimas, até mesmo mais legítimas. O Estado-nação não impõe mais os seus valores, mas preserva mais rápido o que, no presente, imediatamente, mesmo na urgência, é tido como "patrimônio" pelos diversos atores sociais (HARTOG, 2006, p. 270).

Entre a amnésia social e a vontade de nada esquecer, nossas instituições iniciaram o resgate de documentos, a procura pelo registro de memórias e um crescente movimento pela patrimonialização. A criação de muitos centros de documentação e memória ocorre nesse contexto.

Também nas empresas surgiram instituições de guarda, como resultado da "crise da memória" (rompimento da conexão orgânica da sociedade com seu o passado. Com a perda dos elos comunitários, o pretérito passa a representar rupturas e descontinuidades). Surge a "constituição vertiginosa e gigantesca do estoque material daquilo que nos é impossível lembrar" (NORA, 1993, p. 15). A crítica apresentada por Nora é que há lugares para memória porque não há mais meios de memória. Que de internalizada ela passa a existir "fora" da experiência das pessoas. Mas é possível pensar em uma nova memória em construção, em circulação, internalizada de outras formas e presente na experiência manifestada em outros lugares. Lugares de memória podem se transformar em pontos de condensação tópica da memória, de sentido material, simbólico e funcional (museus, arquivos, monumentos, centros de memória e documentação). Contudo, para que isso aconteça, é necessário trabalhar com a noção de memória como construção social e não como dado "arqueologizável".

Aumenta a responsabilidade de executores de projetos que pretendem o registro e/ou a salvaguarda de documentos e a escrita de histórias vinculadas ao ambiente organizacional. É preciso elaborar um projeto cuidadoso que tenha um planejamento claro e seus objetivos bem definidos. Tão importante quanto este, um segundo passo deve ser dado na direção da composição das equipes. Os profissionais envolvidos devem ter a diversidade pautada pelo projeto e a competência e o engajamento para desenvolvê-lo.

Diferenças, semelhanças e confusões

Evidentemente, quando estamos escrevendo histórias de empresas, cada vez mais imediatas e contemporâneas, podemos agravar a confusão entre os conceitos de história e memória. Usamos as memórias de pessoas registradas por meio de narrativas gravadas em instrumentos audiovisuais, para escrever histórias. Pode parecer que os dois trabalhos são realizados ao mesmo tempo: escrevemos as histórias ao ter acesso às narrativas da memória. Mas não é assim. Quem escreve a história é um profissional exercendo sua função e não um entrevistado narrando suas experiências memorizadas.

Devemos estar atentos, pois a memória opera em um tempo sincrônico de múltiplas temporalidades. É um presente que necessita do passado. Importa lembrar que sua construção acontece no presente, respondendo a demandas do presente. Seus usos são, também, feitos no presente.

Vamos diferenciar a história oral da escrita: é comum as pessoas falarem sobre a realização de estudos de memórias quando, na verdade, querem se referir a trabalhos sobre o registro de narrativas orais, ou de história oral. Temos que marcar a diferença entre a história narrativa, escrita por um profissional por meio de seleção de fontes, e a história oral, narrativa pessoal produzida do diálogo com a memória.

A história oral pode ser compreendida como um processo de trabalho que privilegia o diálogo e a colaboração de sujeitos considerando suas experiências, memórias, identidades e subjetividades para a produção do conhecimento. Nesse processo de intervenção e mediação se realiza a construção de narrativas e de estudos referentes à experiência de pessoas e de grupos. Para a realização de um trabalho de história oral, é importante respeitar um conjunto de procedimentos que têm como prioridade a elaboração de um projeto que estabeleça um grupo de pessoas a serem entrevistadas e planeje a forma de contato e abordagem dos entrevistados. Depois deste planejamento é que acontece a condução das gravações com a definição do local, do tempo de duração e demais fatores. É recomendável que as entrevistas sejam transcritas e, quando possíveis, transcriadas (RIBEIRO; MEIHY, 2011). É fundamental ter a autorização de uso desse material avaliada pelo setor jurídico da empresa, para que possa ser usado e arquivado. Sempre que houver publicação de resultados da pesquisa, eles devem, em primeiro lugar, retornar ao grupo que gerou as entrevistas.

No trabalho de história oral, é preciso compreender e valorizar o processo de construção de narrativas. Refletir sobre como as pessoas se manifestaram e se prepararam para constituir o registro narrativo de memórias. Não é a coleta de algo que já foi construído. Por isso, a história oral, em si, não é história escrita, e também não é memória. Está entre ambas, mas para cada pessoa envolvida é um exercício de construção do sentido narrativo por meio do trabalho de memória. Memória esta que a cada momento é refeita, pois, como nos lembrou Eclea Bosi, memória não é sonho, é trabalho:

Na maior parte das vezes, lembrar não é reviver, mas refazer, reconstruir, repensar, com imagens e ideias de hoje, as experiências do passado. A memória não é sonho [Bergson], é trabalho. (...) A lembrança é uma imagem construída pelos materiais que estão, agora, a nossa disposição (BOSI, 1994, p. 55).

Trabalhar com memórias e escrever histórias

Nos ambientes organizacionais, normalmente é esperado como resultado do registros de entrevistas um material para a escrita de uma história. Durante o processo que estimulamos alguém a revisitar suas memórias e a transformá-las em narrativas, vale destacar que a memória não está pronta, em algum local, esperando para ser trazida à tona.

É comum vermos a palavra memória associada a ações como resgate e conservação. Dessa forma, pode ser erroneamente interpretada como uma informação ou um dado a ser transportado do passado para o presente, sem que sejam observados os processos, construções sociais e mobilidade que lhe são característicos.

Resgata-se ou recupera-se algo que existiu concretamente (o que podemos denominar suportes da memória) como: fotografias, objetos, cadernos, anotações, entre outros. São objetos que podem ser preservados e conservados, e que, por isso mesmo, demandam cuidado dos centros de documentação.

A memória não tem a materialidade desses documentos. Seu registro é um trabalho que exige outras ferramentas. Acessamos a memória por meio das narrativas criadas pelos entrevistados. Essas narrativas, de registro sonoro ou audiovisual, podem ser transformadas em documentos, editadas e arquivadas. Por isso, este trabalho é o que constrói ou reconstitui narrativas em diálogo com a memória. É a narrativa que assume a materialidade que pode ser analisada ou interpretada.

Se é por meio da narrativa que podemos ter acesso ao que foi selecionado e construído por uma pessoa com base em sua experiência vivida e memorizada, temos que pensar o momento de encontro – gravação de uma entrevista ou testemunho – como um ato de comunicação em que uma experiência sai do âmbito privado e pode ser compartilhada.

Ao recolher uma documentação, registrar eventos e entrevistas para escrever sua história, a empresa provoca seus funcionários e parceiros a, no presente, montar, reconstituir imagens, reviver eventos e sentimentos que foram "experimentados" no passado. Passagens da história da empresa são reconstruídas, representadas em cada novo repertório. Essa reconstrução ganha uma função social que, ao se contrapor a uma massiva "presentificação" do mundo, tem um caráter de resistência que é capaz de recompor algumas passagens da história da empresa. Ao fazer isso, os comunicadores criam documentos com os quais podem destacar experiências e diagnosticar identidades.

Por um lado, se o registro da memória pode ser compreendido como resistência, por outro, a memória de uma instituição não pode se confundir com mais uma mercadoria para a sociedade de consumo. Uma das questões que se impõe para os que estudam a questão da memória e do patrimônio é sua transformação em produto, consumo ou sua midiatização. Na contemporaneidade, a memória e o patrimônio tornam-se ramos da indústria do turismo e da comunicação. Nesse movimento, sua "valorização" se relaciona à rapidez da economia de mercado e ao medo da "perda da memória", uma das grandes ameaças do mundo moderno. O excesso da memória pode também caracterizar uma forma de descartar, consumir, esquecer informações (HUYSSEN, 2004; GIDDENS, 2002). Dessa forma, o grande esforço e investimento feito pelas instituições para registrar memórias e organizar documentações pode ser perdido e encarado como um modismo ou mais um espetáculo (DEBORD, 1997).

Usos e compreensões em organizações: inter-relações culturais

Cabe aqui um alerta: qual memória queremos ou devemos registrar? A que revela a coesão da cultura de um grupo social, a unidade homogênea da cultura institucional, sem pensar em exceções? Ou a multiplicidade cultural que tem como desafio a interação? Este texto advoga em favor da segunda, heterogênea e plural. A que, por saber de sua complexidade, não delega ao arquivamento a tarefa de lembrar por ela. Assume seu papel na construção de versões, as analisa e as sistematiza numa história mais ampla, que dá conta de falar sobre seus próprios limites. Nessa história, o passado funciona como um indicador para compreender as diferenças e as similitudes, ou seja, as transformações e as dinâmicas da vida.

Já que toda memória é construção, é preciso pensar sobre qual memória se quer "preservar" e para quê. Principalmente quando sabemos que há construção de diferentes memórias e que elas são fontes de identidades individuais e coletivas. A memória se relaciona – baseando e reforçando – com diferentes culturas organizacionais. Lembrar isso é manter em mente que, como construção social, a produção da memória é mediada pelas relações de poder na empresa por um grupo ou outro e que essas relações revelam, ou não, determinadas memórias coletivas como se fossem verdades universais.

Dessa forma, traçamos um paralelo entre os conceitos de história e cultura organizacionais. As faces da cultura organizacional são múltiplas e estão continuamente em formação, resultante da dinâmica social de seu entorno. Em relação à temática central desta coleção – culturas nos ambientes organizacionais –, este capítulo propõe estudar as histórias **nos** e **dos** ambientes organizacionais. Qualquer história é construída, portanto, não é algo que uma organização tem. Entretanto, pode ser considerada algo que uma organização é, se a construção desta história for negociada com vários de seus colaboradores. Isso nos aproxima da visão da interpretação da cultura como metáfora (SMIRCICH, 1983) e não como variável interna no âmbito das organizações (JAQUES, 1951). A história construída pode pertencer a uma organização se o contexto de sua produção tiver sido negociado com seus vários funcionários, colaboradores e gestores. Desse modo, destacamos o quão dinâmico são os ambientes organizacionais e quanto movimento há no processo de interação e criação de uma história que pode servir de base para elos de pertencimento. Entendemos que a história ainda está presente na vivência cotidiana como o canto de uma musa, e que é preciso escrevê-la, construí-la, registrá-la. É preciso criar algo do muito ou do pouco que se tem sobre o ocorrido, pois o passado não nos chega pronto. A história não é um processo simples. É construída a cada movimento dos indivíduos na organização, em função das dinâmicas, processos, práticas e relacionamentos. É necessário que alguém dentro de uma instituição assuma a tarefa de abandonar o universo da memória fluida e livre, de preparar uma narrativa com sentido, até certo ponto sólido, sobre o que se passou e de escrever uma história, entre muitas possíveis.

Dizer isso é considerar que, assim como as faces da cultura e da comunicação abordadas nesta coleção, a história e a memória são elaboradas de relações sociais estabelecidas. Relações essas que são alteradas no tempo e no espaço, mas que modificam as pessoas envolvidas nos processos. São, portanto, relações intersubjetivas, culturais e de comunicação que se estabelecem no espaço da organização, dizem sobre seu modo de ser e, simultaneamente, moldam suas novas identidades.

Memória e história podem ser objetos de análise e construção permanentes. Apesar disso – ou por isso mesmo –, história e memória são elementos centrais para a compreensão das culturas nas organizações e por esse motivo é tão importante a reflexão sobre elas e sobre os cuidados que devemos ter ao trabalhar com esses conceitos.

Referências

BOSI, E. *Memória e sociedade*: lembrança de velhos. São Paulo: Companhia das Letras, 1994.

COSTA, E. V. O. historiador e a sociedade. *Cadernos Cedem*, ano 1, n. 1, jan. 2008.

DEBORD, G. *A sociedade do espetáculo*. Rio de Janeiro: Contraponto, 1997.

GIDDENS, A. *As consequências da modernidade*. São Paulo, Unesp, 1991.

_____. *Modernidade e identidade*. Rio de Janeiro: Jorge Zahar, 2002.

HARTOG, F. Tempo e patrimônio. *Varia Historia*, Belo Horizonte, v. 22, n. 36, p. 261-273, jul./dez. 2006.

HUYSSEN, A. *Seduzidos pela memória*: arquitetura, monumentos, mídia. Rio de Janeiro: Aeroplano, 2004.

JAQUES, E. *The changing culture of a factory*. Londres: Tavistock, 1951.

MENESES, U. T. B. A História, cativa da memória? Para um mapeamento da memória no campo das Ciências Sociais. *Revista do Instituto de Estudos Brasileiros*, 1992.

NORA, P. Entre memória e historia: a problemática dos lugares. *Projeto História*, PUC-SP, p. 07-29, 1993.

PESAVENTO, S. J. *História & História Cultural*. Belo Horizonte: Autêntica, 2003.

RÉMOND, R. Algumas questões de alcance geral à guisa de introdução. In: FERREIRA, M.; AMADO, J. (orgs.). *Usos e abusos da história oral*. Rio de Janeiro: FGV, p. 206-214, 1996.

RIBEIRO, S. L. S.; MEIHY, J. C. S. B. *Guia prático de história oral*: para empresas, universidades, comunidades, famílias. São Paulo: Contexto, 2011.

SARLO, B. *Cenas da vida pós-moderna*: intelectuais, arte e vídeo-cultura na Argentina. Rio de Janeiro: UFRJ, 1997.

_____. *Tempo passado*: cultura da memória e guinada subjetiva. São Paulo: Companhia das Letras. Belo Horizonte: UFMG, 2007.

SMIRCICH, C. Concepts of culture and organization analysis. *Administrative Science Quarterly*, Ithaca, 1983, v. 28, n. 3, p. 339-58.

HISTÓRIA E MEMÓRIA COMO PROCESSO DE REFLEXÃO E APRENDIZADO

Marialva Carlos Barbosa

"**Lia**", **disse dona** Belita, "a casa em que moramos é tudo para nós". Essa frase perdida habita a minha memória. Originalmente, fazia parte de um texto que, na minha infância, era percebido como extenso e, no processo de aprendizado, me ajudava a sair do lugar da oralidade para o do letramento. Lia era o personagem principal de uma história de uma prática de leitura que se fazia no mundo da escola. Os outros personagens – os leitores – eram eu e meus colegas de turma que recitávamos, pelas artimanhas da memória, um texto que deveria ser lido de supetão.

Desde a Antiguidade Clássica, as "artes da memória" – usando aqui a expressão e o conceito de Yates (1975) – foram ferramentas fundamentais no processo de aprendizagem. Na Grécia Antiga, antes da invenção do alfabeto, inúmeros recursos mnemônicos foram desenvolvidos para preservar o conhecimento em uma sociedade ágrafa. Essas artes a rigor são técnicas desenvolvidas no mundo da oralidade para preservar o saber, perpetuar as narrativas e possibilitar, pela voz e pelos gestos, a transmissão de algo aprendido anteriormente.

Nos processos de aprendizagem, a preservação dos sentidos da oralidade e a valorização deste mundo oral no qual o ritmo, os movimentos do corpo, a musicalidade que emana da voz e a imagem mental em torno da organização do espaço foram, durante muito tempo, fundamentais não apenas para o domínio da leitura e da escrita, mas também para aprendizado numérico. As tabuadas cantadas em versos que ecoavam pelos ambientes ainda fazem parte da memória da minha infância. Bem como Lia e dona Belita na prosa na qual figuravam como personagens e se transmutavam no cérebro, no ritmo da poesia e da música cantada, facilitando o processo de memorização.

Mesmo nas sociedades em que a transmissão do conhecimento é feita pelo domínio das artimanhas da escrita e o saber erudito é identificado como código letrado, sobrevivem, nos processos de aprendizagem e nas práticas cotidianas, restos de uma memória que surge das tramas da oralidade. Numa sociedade como a brasileira, com alto grau de analfabetismo e parco desenvolvimento da literalidade, os processos cognitivos que põem em cena os jogos orais e permitem, ao mesmo tempo, a inserção e a troca com o universo do letramento devem ser valorizados.

Historicamente, os processos de aprendizagem também são produzidos nos domínios das ruas, nos espaços públicos, nas trocas entre grupos imersos em sociabilidades diversas. Só a percepção da invasão deste mundo oral, ligado indubitavelmente às artes da memória no mundo das letras, nos leva a descobrir como letrados e leitores os escravos brasileiros do século 19 (BARBOSA, 2009), por exemplo.

A rigor, o domínio dos códigos do mundo oral – no qual a sonoridade e a imagem são lócus dominantes – permite o desenvolvimento de sistemas de memória que possibilitam identificar particularidades no contato com o universo do letramento e da leitura. Quando dispostas sobre suportes que permitem sua visualização em conjunto e a regularidade da inscrição de suas letras – como ocorre com o surgimento da impressão –, as palavras são códigos visuais.

A escrita é também apreendida como imagem e, nessa dupla inserção (imagem/escrita), migra do mundo da literalidade para o mundo da oralidade, da mesma forma que, como imagem, possibilita a explosão da visualidade. No Brasil, o desenvolvimento de uma imprensa ilustrada de grande tiragem não deve ser explicado exclusivamente pelas possibilidades técnicas que permitiram a impressão das litogravuras. Contudo, também, pelo estouro da imagem como visualidade, possibilitada pela difusão da palavra escrita sob a forma de impressos os mais variados, incluindo a imprensa diária. Na sequência da expansão da imprensa como palavra pública, nas décadas de 1830 e 1840, proliferam imagens em diferentes suportes: inicialmente nas revistas ilustradas e, posteriormente, nos muros, praças, quiosques e bondes das cidades sob a forma de cartazes de todos os tipos e tamanhos (BARBOSA, 2009b). A impressão é também algo visual.

Dois universos distintos: história e memória

O debate conceitual da memória inclui não apenas a percepção do conceito como algo abstrato e ligado à filiação teórica privilegiada – algo do indivíduo, inscrito no seu corpo, invadido pela percepção de sua mente/espírito, ou algo que inclui uma memória da sociedade como fenomenologia do espírito (Bérgson) ou como processo social (Halbwachs) –, mas também reflexões que constroem uma espécie de história da organização da memória.

Yates (1975) mostra como a organização da memória desde a Antiguidade faz da imagem o lócus privilegiado. Estudando em cada época as ferramentas mentais necessárias à perpetuação das ideias, dos conceitos e das produções discursivas a serem armazenados na memória, o autor mostra a vasta arquitetura imaginária da arte memorável que chega ao mundo contemporâneo sob a forma de vestígios. São esses sistemas de memória que são descritos, evidenciando a intensa associação entre memória e imagem.

De início, é preciso distinguir memória e história, destacando a importância da memória como conector essencial para visualizar uma imagem do passado, uma abertura fundamental que permite a "operação historiográfica" (CERTEAU, 1982) em sua tripla dimensão: a fase documental, a explicativa/compreensiva e a escrita. Na fase documental, o pesquisador busca certa certificação de um passado que chega ao presente sob a forma de rastros e vestígios. Na explicativa/compreensiva, lança o olhar e direciona perguntas fundamentais a esse passado, presumindo que algo aconteceu, uma vez que deixou marca. Compreende-se a inscrição que o passado deixou no presente e é formulada uma explicação pelas ideias que se correlacionam com esse passado. Na fase escrita, o produto final da operação historiográfica é sempre uma escrita e, como tal, submetida aos parâmetros da representação. Como afirma Paul Ricouer (2000), representação é uma espécie de duplo na história: ao mesmo tempo em que os conectores históricos (tempo calendário, sequência de gerações e rastros) operam a certificação de um passado que existiu, representando-o, também a escrita da história se põe no lugar do passado que existiu mas que não faz mais parte do tempo que denominamos presente. Portanto, a história é representância, isto é, uma narrativa com autoridade de trazer o passado como realidade e fazer dele objeto científico de conhecimento.

Como enfatiza Chartier (2009), graças ao excepcional livro de Paul Ricoeur (2000), as diferenças entre memória e história podem ser tratadas com clareza. Em primeiro lugar, a memória produz a autenticidade do testemunho como algo vivido no passado. O testemunho dá ao portador daquela reminiscência a autoridade de ter presenciado algo que aconteceu e que pode ser trazido de volta. No entanto, para a história, o passado chega, sobretudo, por meio do que está inscrito (documento), indicando a presença imortalizada do pretérito. O documento tem valor inquestionável.

O testemunho, diretamente vinculado às artes da memória, apresenta indícios de um tempo no qual o conhecimento se dava pela recordação. No documento, a palavra decorrente dos trabalhos da memória é substituída pela inscrição, pelo que foi gravado no formato de escritura e, portanto, construído para ser perpetuado. Submetidos pelo historiador ao exercício crítico, os documentos serão, com base em uma série de postulados que se transformam em métodos, desconsiderados ou qualificados como verdadeiros ou falsos.

Se o juízo crítico, em contraposição à certificação na primeira ação da operação historiográfica, é o que produz a distinção entre objeto memorável e objeto documental, a questão da temporalidade particulariza a segunda distinção entre memória e história. Enquanto a reminiscência é imediata, a construção do juízo histórico se faz pela explicação das regularidades e causalidades ou pela explicação de motivos. Portanto, o segundo nível da operação historiográfica – explicação/compreensão – concentra-se na formulação argumentativa do pesquisador que estabelece correlações entre um antes e um depois, particulariza as causas ou procura explicar a singularidade do fato tomado como histórico.

Em terceiro lugar, devemos considerar que memória é reconhecimento do passado e história é representação desse mesmo passado, cuja intenção máxima é a verdade. Para isso, a história se vale de documentos e de modelos teóricos e metodológicos. Para Ricoeur (2000), a questão da representação está indubitavelmente ligada à história em dois níveis: como objeto da história e como ferramenta da história. Ao explicá-la/compreendê-la, busca-se dada representação do passado cujo resultado final é uma escritura com a pretensão de representar o verdadeiro passado.

A memória é a primeira abertura em direção ao passado. É pela memória que o passado se torna algo que pode ser representado pela escrita da história, ao mesmo tempo em que a memória torna-se uma espécie de "fiador da existência de um passado que foi e não é mais" (CHARTIER, 2009, p. 23). Enquanto a história é regida pela epistemologia da verdade, a memória é governada pela ideia de fidelidade. Enquanto a memória é fundamental para indicar a presença do passado no presente, construindo laços culturais fundadores entre comunidades, indivíduos e grupos, a história é, antes de tudo, um saber universalmente reconhecido como científico.

Tempo e memória

Para chegar até o passado ou presumir que os homens do pretérito estiveram de fato por aqui, ou seja, efetivamente produziram ações, é preciso que haja algumas aberturas fundamentais em relação a esse passado: marcas duradouras que indicam que alguém passou por aqui e que deixou suas pegadas. Essas marcas são os rastros e os indícios que o pesquisador deve seguir.

Cada um de nós possui como estrutura de imaginação imagens-lembrança de um tempo que passou. Essas imagens nos dão a certeza de que há uma temporalidade cambiante, móvel, indicando também a passagem do tempo. Um tempo vivido como progressão que, aprisionado pela narrativa histórica, torna-se a primeira possibilidade de conexão com o passado. A rigor, a reconfiguração do tempo pela invenção de alguns instrumentos de pensamento como o calendário cria uma espécie de terceiro tempo, situado entre o tempo fenomenológico e o tempo vivido, permitindo que se vá em direção ao passado. O tempo calendário é, pois, um instrumento de pensamento que se configura, ao lado da sequência de gerações e do rastro como conector histórico (RICOEUR, 1997). São elementos que têm uma espécie de objetividade do passado e que nos permitem ir em sua direção.

Com o calendário advém um terceiro tempo, chamado por Beneviste (apud RICOEUR, 1997, p. 180) de "tempo crônico" e instituído na língua histórica como tempo social. Guardando relação com o tempo cosmológico, no cômputo, o tempo calendário inaugura um princípio – o da divisão – que foge inteiramente às concepções astronômicas e da física. Desse modo, o tempo cosmológico (no cômputo) é contínuo, uniforme, linear e segmentado – figura um antes e um depois, é mensurado e instaura a regularidade dos períodos (pelo movimento do Sol e da Lua, estabelece-se, por exemplo, o ciclo de 24 horas do dia). Na relação tempo calendário (princípio), a atribuição de qualificações (presente, passado e futuro) o distingue inteiramente do tempo da física.

Essas qualificações são constituídas pela ideia de que o presente é o hoje e a partir deste haverá um amanhã, assim como houve um ontem. Desse marco zero (presente) em diante, cria-se um percurso bidirecional do passado para o presente e do presente para o futuro, qualificando-se o próximo e o distante. Todos os acontecimentos recebem uma posição no tempo em relação a um momento instituído como axial. Essa distância é medida em anos, meses, dias ou pela qualidade histórica do acontecimento fundador: 500 anos do descobrimento do Brasil, por exemplo (RICOEUR, 1997, p. 180-185).

Todos os calendários apresentam três características comuns que permitem a divisão do tempo: a referência a um acontecimento fundador que define o eixo do tempo, o "momento axial" a partir do qual todos os acontecimentos serão datados; a possibilidade de percorrer o tempo em duas direções (anterior ou posterior) em relação ao marco zero; e o estabelecimento de unidades de medidas que denominam os intervalos constantes (dia, mês, ano).

Para Ricoeur, a originalidade que o momento axial confere ao calendário nos permite dizer que o tempo calendário é exterior tanto ao tempo físico quanto ao tempo vivido. E que todos os instantes podem ser, em princípio, momentos axiais. Nada diz que um dia tomado no calendário seja passado, presente ou futuro. Para isso, é preciso que alguém fale:

> o presente é, então, assinalado pela coincidência entre um acontecimento e o discurso que o enuncia (...); é por isso que tal data, completa e explícita, não pode ser dita nem futura nem passada se ignorarmos a data da enunciação que a pronuncia (idem, p. 186).

Portanto, é o ato enunciativo que designa o presente, o passado e o futuro, e, para alcançar o tempo vivido desde o surgimento do tempo calendário, é preciso que alguém narre o tempo. O tempo também é narrativa em múltiplos outros aspectos: o tempo instaura a vida, inaugura a experiência, realiza-se pelo ato enunciativo, torna-se palpável nas múltiplas configurações narrativas.

O segundo conector ou mediação fundamental da história para alcançar passado é, segundo Ricoeur, a sequência de gerações – termo tomado emprestado de Alfred Schutz mostrando o que poeticamente denomina "esteio biológico do tempo". Sentimos no corpo a passagem do tempo, nas marcas visíveis que figuram na face, na certeza inelutável da morte. As marcas visíveis para nós e para todos os outros indicam que a vida passa.

A sequência de gerações estabelece também uma relação anônima entre os indivíduos numa dimensão temporal, que são assim nomeados e qualificados como contemporâneos, predecessores e sucessores, criando um encadeamento do tempo vivido não mais individualmente, mas de maneira anônima em sociedade. É a sequência de gerações que produz a materialidade mais evidente do tempo social da história. O presente dos contemporâneos, o passado dos predecessores e o futuro dos sucessores não pertencem a ninguém, individualmente, existindo apenas numa dimensão pública. O passado de meus predecessores existia antes de mim, foi herdado, não posso mudá-lo. O presente de nossos contemporâneos instaura a ideia de duração junta, de compartilhamento do mundo. E o futuro de nossos sucessores inaugura a ideia de um silêncio imaginado, reconfigurado como expectativa. Em resumo, o passado, o presente e o futuro tornam-se passíveis da ação humana, seja quanto a expectativa (futuro), temor (presente) ou espera (passado).

O terceiro e último conector que permite à história acessar o passado é o rastro. O rastro indica a passagem de alguém que deixou marca e que pode, no caso da história, estar depositada num lugar físico construído para abrigar múltiplos rastros do passado: o arquivo. O trabalho do historiador é também selecionar rastros pelas perguntas que direciona a esse passado. É preciso, então, entre os múltiplos rastros, separar, reunir, transformar em documentos, coletar, analisar e produzir um texto. A questão central: por que preservamos determinados rastros e outros não?

Instala-se também em relação aos rastros a problemática da memória. Os documentos preservados como memória duradoura para um futuro põe em destaque a produção de algo não perecível, tornando-se lembrança do passado no futuro. Estar de posse dessa possibilidade de transformar o presente em futuro é, em certa medida, ser guardião da temporalidade histórica. É nesse sentido, por exemplo, que os meios de comunicação não apenas informam a atualidade, mas produzem uma atualidade para ser usada como passado, no futuro.

Objeto usual da história, a noção de rastro, materializada pelos documentos e pelos arquivos, é essencial também para a reconfiguração do tempo. Ricouer (1997, p. 175) atribui a Emanuel Levinas (1972) o significado de rastro ao mesmo tempo como ambivalente e desestabilizador da ordem: algo que significa sem aparecer, ou seja, significa o passado sem ser o passado. O rastro está no presente e instaura uma significação sobre algo (o passado) que não está no presente (daí a ambivalência). O rastro é, portanto, indicial: indica uma suposição do passado, sendo fundamental para a operação e para a ambição historiográfica, pois materializa também a existência, a realidade, do passado.

É o rastro que permite explorar o enigma da "passeidade", permitindo que seja descrito não como mera representação do passado, mas como algo que se transforma no passado, tendo a ambição de valer pelo passado. Para Ricoeur (1996, p. 200):

> Se os arquivos podem ser ditos instituídos, e os documentos coletados e conservados, é com o pressuposto de que o passado deixou um rastro erigido por monumentos e documentos como testemunho do passado. Mas o que significa deixar um rastro?

É considerar que algo fixa marca do passado em direção ao futuro, mostrando "o passado da passagem". O paradoxo é que a passagem não existe mais, mas o rastro permanece. Portanto, é a ação humana que deixa as marcas indicando mais uma vez o tempo na narrativa.

O rastro mostra o aqui no espaço e o agora no tempo, ou a própria historicidade do homem ser tempo e espaço. O rastro indica também a significância do passado, a intenção da história de ser abertura fundamental para explicação/compreensão do passado pela possibilidade de existência desse passado. Mesmo depois de ter passado, o passado continua passando pelas ações da "operação historiográfica". Para isso, o historiador transfere o significado do passado enquanto passado (ter sido) para as coisas que subsistem, fazendo com que essas sejam substituídas pelos rastros. Os rastros valem pelas coisas. Sem esse valor, essa significância, os rastros não seriam válidos para a história. Os rastros tornam-se espécies de utensílios do tempo passado, sendo portadores do significado desse pretérito. A história instaura, portanto, um tempo híbrido, entre o tempo do rastro (que era do passado, mas que é transportado para o presente) e o tempo da vida (que possibilitou a permanência do rastro). Termino esta seção com o magnífico texto de Ricoeur (1996, p. 151) dando conta desse tempo que também se faz pelo ato narrativo:

> Falaríamos da brevidade da vida humana se ela não se destacasse sobre o fundo da imensidão do tempo? Esse contraste é a forma mais comovente que pode assumir o duplo movimento de liberação pelo qual, por um lado, o tempo do cuidado se livra do fascínio do tempo despreocupado do mundo e, por outro lado, o tempo astronômico e do calendário que subtrai ao aguilhão da preocupação imediata e até ao pensamento da morte. Esquecendo-nos da relação do manejável com a preocupação, e esquecendo-nos da morte, contemplamos o céu e construímos calendários e relógios. E de repente, no mostrador de um deles, surge em letras fúnebres o *memento mori*. Um esquecimento apaga o outro. E a angústia da morte volta à carga, estimulada pelo silêncio eterno dos espaços infinitos. Podemos, assim, oscilar de um sentimento ao outro: da consolação, que podemos sentir em descobrir um parentesco entre o sentimento de estar jogado no mundo e o espetáculo do céu, em que o tempo se mostra à desolação, que continuamente renasce do contraste entre a fragilidade da vida e a potência do tempo, que de preferência destrói.

Síntese reveladora

O que significa o passado real quando aplicado ao conhecimento histórico? O que estamos querendo dizer quando afirmamos que algo realmente aconteceu? Que o historiador, na sua operação historiográfica, se põe na posição de reconstruir o passado, inaugurando uma espécie de dívida com esse. Para isso, a busca pelos conectores históricos remarca a diferença fundamental entre o historiador e o ficcionista. Desse modo, o rastro deixado pelo passado figura no lugar desse pretérito, valendo por este, como já assinalamos. O modo referencial da história é esse representar. É isso que torna a história diferente da ficção. Na história, o rastro é a garantia, a prova para a explicação do passado. Portanto, duas formulações são indispensáveis ao pensamento da história, configurando uma narrativa dependente do terceiro tempo: o valor mimético do rastro e a noção de dívida com o passado.

Evidentemente, há muitas formas de considerar a história e, em função disso, realizar a operação historiográfica. Podemos privilegiar uma história por razões, por repetições, por ações correlatas. Podemos também achar que o passado pode ser transposto para o presente ou que estamos apenas procedendo um ato de reconfiguração desse passado, de reinscrição pela ação de narrá-lo. A história não é apenas o que aconteceu no passado, mas todas as interpretações subsequentes deste mesmo passado, ao infinito. A história é sempre a ação humana de contar, ao viver, sua própria história deixando inúmeros rastros. Para Ricoeur (1996), podemos também pensar o passado como Mesmo, Outro ou Análogo.

Com essas reduções, o que o autor coloca em cena são modos distintos de considerar o passado: como continuidade (sob o signo do Mesmo), presumindo a sobrevivência do passado no presente; como o diferente (ou sob o signo do Outro) que produz uma ruptura em relação ao presente; e, finalmente, o passado como semelhante ao presente, no universo do Análogo.

Como tudo isso pode ser pensado em relação à comunicação? Que tipos de aproximação podemos fazer? Certamente, de múltiplas ordens. Somente configuramos o tempo da história e da ficção pelo ato comunicacional. A história e a ficção não projetam o sentido de uma obra, mas o mundo que ela projeta é que constitui o seu horizonte. A história produz sempre um texto que indica o "tal qual" do passado, ou a presunção de um passado, com aquela particularidade, mas que apenas é lido pelo ato comunicacional pela maneira como chega ao presente. Também no processo comunicacional, essa história é acolhida pelo leitor que espera encontrar na operação historiográfica o "tal qual", a verossimilhança do passado que é aprisionado como verdade, porque existe essa expectativa de verdade em relação à história.

Além disso, o que o público recebe nas obras históricas é um mundo e uma temporalidade que só existem nos modos de comunicação. Há no processo comunicacional uma "fusão de horizontes" na qual o sentido, a referência de todo o discurso, projeta um mundo no mundo, pelo caráter dialógico do próprio discurso.

A linguagem põe sempre em cena o ato comunicacional, o que pode ser considerado enigma e milagre. Um enigma, porque, pela linguagem, transmitimos o que vivemos para outro que pode (ou não) compreender essa experiência. Ao ser vivida, a experiência é a minha experiência. Comunicada, torna-se algo partilhado. Comunicar é, nesse sentido, tornar público algo que seria privado. É assim que a comunicação torna-se uma espécie de milagre: através dela é possível superar a solidão de cada ser humano (RICOEUR, 1987).

A questão da referência é outro aspecto fundamental para a comunicação. A linguagem transcende a si mesma e refere-se a um mundo que se apresenta como possível de ser percebido pelo ato de dizer. Trazemos para o mundo a linguagem e não a experiência, mas comunicamos o sentido da experiência e da linguagem. É também nesse sentido que a comunicação é um enigma. Claro que, para haver essa transcendência da linguagem em relação à referência, é preciso partilhar o mundo comum presumindo a existência de coisas semelhantes que são identificadas (por um processo de significação distribuída culturalmente, ou, se quisermos empregar a noção de Geertz, por um sistema cultural). Há que haver a universalidade dos sentidos que somente os atos culturais produzem.

Ao se transformar em texto, a linguagem não é apenas mera inscrição: passa a ser significado no qual estão imersos o sentido e a referência – o caráter dialógico do discurso que torna possível a sua interpretação. Todavia, a interpretação é feita na ausência, e não na presença. Cabe a outro interpretar, por exemplo, o "eu" que está no texto com base na proposição de que esse texto é, antes de tudo, dirigido a outro.

O texto contém as vozes dos múltiplos autores ali figurados. É também a inscrição, o "eu" autoral e o outro que, não importa quando, se apropriará do mundo que está no texto. Compreender, portanto, não é repetir o evento do discurso, mas gerar novo acontecimento que começa exatamente no texto no qual esse evento inicialmente se objetivou.

Esperamos que, com este olhar dirigido à compreensão de um novo mundo e de possibilidades de inscrição pelo ato comunicacional, tenhamos aberto uma brecha na complexa questão da narrativa, que não é mera atividade linguageira. É, antes de tudo, a compreensão do agir humano num mundo em permanente transformação pela ação.

Referências

BARBOSA, M. C. Leituras no mundo dos escravos. In: *Congresso Internacional do Livro e da Leitura (LIHED)*, 2, 2009, Niterói. Niterói: FBN/UFF, 2009. Texto apresentado na Mesa 1.

_____. *História cultural da imprensa*: Brasil 1800-1900. Rio de Janeiro: Mauad X, 2009b.

CERTEAU, M. de. *A escrita da história*. Rio de Janeiro: Forense, 1982.

CHARTIER, R. *A história ou a leitura do tempo*. Belo Horizonte: Autêntica Editora, 2009.

DOSSE, F.; RICOEUR, P.; CERTEAU M. *L'Histoire*: entre ledire et lefaire. Paris: L'Herne, 2006.

LÉVINAS, E. "La trace". In: Humanisme de l'autre homme. Montpellier: Fata Morgana, 1972.

NORA, P. Entre memória e história. *Projeto História*, EDUC, São Paulo, n. 10, p. 1.993, 28-7.

RICOEUR, P. *À l'école de la phénoménologie*. Paris: Vrin, 1986. p. 34.

_____. *La mémoire, l'histoire, l'oubli*. Paris: Seuil, 2000. Tradução brasileira: A memória, a história, o esquecimento. Campinas: Unicamp, 2007.

_____. *Tempo e narrativa*. v. 1, 2 e 3. Campinas: Papirus, 1994, 1995, 1996.

_____. *Tempo e narrativa*. Tomo III. Campinas: Papirus, 1997. Tradução Roberto Leal Ferreira.

_____. *Teoria da interpretação*. Lisboa: Edições 70, 1987.

YATES, F. *L'art de la mémoire*. Paris: Gallimard, 1975.

MEMÓRIA E CONSTRUÇÃO DO PATRIMÔNIO CULTURAL

João Paulo Santos Freire

O patrimônio como memória

No moderno pensamento ocidental, patrimônio é entendido com base em categorias construídas, especializadas, resultantes de fundamentações historicamente garantidas por lastros de expressões de memória comunitária. Fala-se, portanto, de categorias múltiplas, como: patrimônio cultural, religioso, financeiro, natural, tecnológico – "bens etéreos ou não" –, mas legitimados. Patrimônio, pois deve ser entendido como resultado do trabalho de memória coletiva e, neste sentido, opera como ponto de referência entre valores selecionados socialmente por grupos e, posteriormente, garantidos por organismos competentes, funcionando como referências sínteses e ativadoras de outras memórias. Segundo Chauí (2005, p. 138), "a memória é uma evocação do passado", e dessa forma sua lembrança catalisa aquilo que foi e não retornará jamais, mas merece ser assinalado. Tais referências autenticam o consagrado constituindo-se em "lugares de memória", como mostra Nora (1985). Para Pollack (1989, p. 3), aliás, a memória se expressa por meio do "patrimônio arquitetônico, das paisagens, das datas e personagens históricas cuja importância somos incessantemente relembrados".

Considerando a memória como fundamento para a consagração de valores – materiais ou não – o patrimônio age segundo especificações classificatórias que, em geral, promovem divisões estabelecidas por significados comunitariamente garantidos. Esses destaques, no entanto, são elaborações inscritas em valores determinados por reconhecimentos históricos, institucionalizados, localizados ou resultantes de processos de transformações que nem sempre conhecem fronteiras delimitadas ou autorias. É suposto que patrimônio cultural é construção social e se faz pela soma de atributos delegados pela aceitação social combinada com o zelo institucional de organismos reconhecidos. Para Prats (2004), em primeiro lugar, não existe "bem cultural patrimonializado" solto na natureza ou na cultura. "Bem patrimonial" é sempre algo atribuído, respeitado pela comunhão de predicados vivenciados em conjunto, e catalisador de representações tácitas e/ou implícitas. Também não é um fenômeno universal, repetido ou multiplicado em qualquer quadrante ou tempo histórico.

Por ser elaboração de fundamento intelectual, o moderno conceito de patrimônio demanda desdobramentos e racionalizações que exigem lastros que vão além dos históricos, filosóficos e políticos. Daí a importância ou necessidade de se propor bases conceituais calcadas na memória, com inscrição social reconhecida. Isso para gerar ações de zelo e gerenciamento, ligadas aos sistemas de diferentes culturas que, modernamente, se põem em diálogo internacional na medida em que existe, no mundo globalizado, a prática de trocas de experiências. Vale dizer ainda que patrimônio é artifício ou produto caracterizado por agentes oriundos de poderes estabelecidos, instituições que detêm força para oficializar processos de relevância da memória coletiva. Por isso, não escapa de caracterizações políticas ou de cunho ideológico, uma vez em que tais atributos respondem sempre a determinados fins. Em conjunto, tais marcas implicam fragilidades que podem ser historicamente mutáveis, suscetíveis a acordos renovados ou mesmo a novos critérios ou interesses que determinam fins quando expostos a circunstâncias variáveis. Não faltam exemplos, em particular, quando se presta atenção à derrubada de estátuas de chefes que, no passado, representaram situações prezadas. Todo o arsenal simbólico desses personagens é posto em questão.

Partimos do princípio que delega qualidade política ao conceito de patrimônio cultural a partir do século 18. Assume-se que, com a emersão dos estados nacionais, se caracterizou um conceito de bem patrimonial ligado à substância da identidade nacional cultivada. Para garantir fundamento ao argumento, nos apoiamos no princípio de que sem poder não existe patrimônio e que patrimônio não existe sem poder. Por uma ou outra via, contudo, reconhecemos que a noção de patrimônio que prevalece firma posicionamento no "legado que se recebe" como herança e que se passa de uma geração a outra como "bem" a ser preservado. Nessa condição, o "objeto" seria um bem reconhecido como patrimônio geral e comunitário, ligado à construção de polos identitários, submetidos à gestão institucional reconhecida. Tudo como caminho concatenado – meta capaz de dar forma a espólios que contêm valores simbólicos relevantes. Os bens patrimoniais, tangíveis ou não, são sempre elementos que exigem intensa comunicação social. Seu reconhecimento implica políticas de gestão que demandam mais dos que a preservação, o acesso e o uso públicos de tais referentes.

Patrimônio: corpo e alma

Os símbolos presentes nos contextos públicos demandam especificação para alçarem a condição de construção identitária. Entende-se, dessa forma, que a conceituação de patrimônio como algo oficializado se faz por dois polos fundamentais e complementares:

» construção social; e

» invenção.

Nas duas situações, os poderes constituídos se expressam como legisladores. O primeiro caso remete à ideia de "universos simbólicos socialmente legitimados" como propugna Berger e Luckmann (2008). A invenção leva à prática de manipulação, como diz Hobsbawm e Ranger (1997). Especifiquemos os casos.

Construção social da realidade deriva da aceitação ampla que se comunica com a ordem institucional estabelecida e que se impõe ao reconhecimento dos organismos estruturados por hegemonias sociais e culturais. Já a invenção da realidade não advém de fatores naturalmente aceitos e precisa de políticas para seu reconhecimento coletivo. Contudo, essa não se dá *ex nihilo*, mas, sim, por composição de elementos destinados à condução de propósitos. A educação da sensibilidade que deve abrigar tais políticas ganha vigor com a "fabricação" de atributos artificiais à naturalidade de elementos escolhidos sem apreciação coletiva. Enquanto a invenção se refere, sobretudo, aos processos pessoais e conscientes de manipulação, a construção social se associa principalmente às ações inconscientes e impessoais de legitimação, que não necessariamente ocorrem em uma sequência linear. A invenção, entretanto, para se entranhar socialmente, necessita se converter em construção social, alcançando o mínimo de consenso. É exatamente nessa fase que a memória coletiva se realiza como elemento de função social.

A força do conceito de patrimônio consiste na legitimação de algumas referências simbólicas por meio de fontes de autoridade/sacralidade extraculturais. Ao unir as fontes a determinados elementos culturais – materiais e imateriais – junto do discurso gerado pela justaposição de elementos desta natureza, o símbolo cultural ganha um caráter sacralizado e aparentemente cristalizado. Para Prats (2004), tais fontes de legitimação, dotadas de sensibilidade, provêm da ideia de que estão mais além da ordem social e de que suas leis são firmadas nos princípios da universalidade: a natureza, a história e a inspiração criativa. Patrimônio funciona dessa maneira como catalisador de fatores socialmente referidos e consagrados por critérios que legitimam a memória social.

A natureza, composta pela paisagem e seus predicados perigosos e misteriosos, foge do controle humano e revela a existência de poderes que não se submete à ordem social. A história, povoada de feitos, personagens mitificados que encarnam o bem e o mal, também é inalcançável pelas leis humanas. Por fim, a inspiração criativa associa a excepcionalidade cultural, a individualidade que transcende, portanto, transgride as regras e capacidades culturais que regem os "mortais comuns".

Estas fontes – a natureza, a história e a inspiração criativa – se convertem num "medidor" do potencial de elementos culturais passíveis de patrimonialização numa dinâmica de inclusão e exclusão consideravelmente rígida. Tais aspectos formam um triângulo, uma espécie de "pool de virtualidade" de referentes simbólicos patrimoniais. Inscritas no triangulo "natureza, história, inspiração criativa", as possibilidades mencionadas abarcadas pelo pool não representam uma totalidade, mas, sim, algumas possibilidades que estão propensas às relações de poder. Isso acontece, pois a identidade, segundo Pujadas (1993), é ideológica, expresse como se expresse, pois responde a ideias e valores prévios, normalmente subsidiários de determinados interesses. As representações patrimoniais podem afetar a todos os tipos de identidade, mas, por sua natureza, refere-se principalmente a identidades políticas básicas: locais, regionais e nacionais.[1]

Ativação patrimonial

Todo símbolo, material ou imaterial, passível de patrimonialização deve ser sustentado por um discurso avalizado pela sacralidade da referência a ser ativada. Tal discurso dependerá das referências escolhidas, dos seus significados, da importância relativa a elas outorgada, de sua

---

[1] Para Pujadas (1993), é busca da ideia de continuidade de grupos sociais, por meio das descontinuidades, dos cruzamentos, das mudanças de rumos, da confrontação dialética constante entre as bagagens sociocultural-simbólicas identificadas por um grupo como genuíno.

inter-relação, ou ordem dentro do conjunto que integrem e do contexto em que estejam inseridas. É importante questionar quais são as pretensões para realizar a ativação. Parte-se do pressuposto de que todo processo de patrimonialização não é neutro nem inocente.

No entanto, quem ativa o patrimônio? As respostas decorrem de articulações argumentativas. Primeiramente, pensamos em seleção, ou seja, uma seleção feita pela sociedade. Todavia, qual sociedade? Quem confecciona o espelho no qual a sociedade se enxerga? Quem delimita a curvatura deste espelho? Quem efetua a seleção? Quem decide o que expor, preservar, conservar, salvaguardar e divulgar?

> [...] a sociedade pode aderir ou outorgar ou opor e negar uma representação, imagem e discurso patrimonial... e sempre em grau e forma variável segundo os indivíduos; mas estas representações, estas imagens, estes discursos foram elaborados por alguém em concreto, com nome e sobrenome, e ao serviço, mais ou menos consciente, de ideias, valores e interesses concretos, tão legítimos ou tão espúrios como se queira, mas reais (PRATS, 2004, p. 33).

Em um campo mediador, os repertórios patrimoniais podem ser ativados por qualquer agente social interessado em apresentar/promover/salvaguardar determinado tipo de versão da identidade. Entretanto, no âmbito da realidade social, o símbolo cultural não pode ser patrimonializado por quem quiser fazê-lo, mas por quem detém o poder. Desse modo, o poder político representado pelas esferas municipais, estaduais e federais, se inscreve como protagonista, principal agente de ativação patrimonial.

> O poder político e suas inteligências associadas cumprem o papel de engenheiros deste discurso social, ainda que costumem apresentar-se como pudibundos ou meros guardiães do "fogo sagrado", como defensores da essência de um passado [...] (PUJADAS, 1993, p. 4).

O Estado atua segundo as "urgências identitárias". O poder político informal, alternativo ou oposicionista também pode constituir seu patrimônio. E com mais intensidade, quando essa oposição não pode lutar abertamente na arena política do Estado, movendo-se na clandestinidade. Isso acontece quando determinado repertório patrimonial é ativado como forma de resistência, se opondo à versão oficial de um regime. A diferença básica é que, enquanto a leitura oficial está expressa, gerida e divulgada por meio de museus, monumentos públicos e outros locais de memória oficializados, a alternativa/oposicionista caminha por um contexto subterrâneo e marginal, sendo retroalimentada no silêncio. Cabe lembrar, seguindo Pollack (1989), que, quando se fala em regimes autoritários, a memória oficial ativada patrimonialmente é dotada de um caráter destruidor, uniformizador e opressor da memória coletiva nacional.

As distintas versões da identidade representadas por meio dos repertórios patrimoniais, – esteja dentro da oficialidade ou não – constituem, segundo Cátedra (1998), "distintos nós, dentro de nós" e sua eficácia relativa é medida pela quantidade e qualidade das adesões resultantes. Estas, por sua vez, legitimam sistemas, políticas, estados dos eventos e ações concretas. É no passo em que se pretende representar uma identidade que o patrimônio constitui um campo de tensões e confrontação simbólica, tanto entre as distintas versões concorrentes, como no âmbito das confrontações externas, simbólicas e físicas entre grupos sociais. Como desenvolve Frigolé (1980), as distintas versões da identidade, ativadas ou não, e os distintos símbolos e atribuições de significados se articulam, se complementam, se contradizem e competem entre si.

A tutela do patrimônio

Prova da atual e emergente importância do patrimônio é que, nos últimos setenta anos, vários órgãos para sua proteção e difusão foram instituídos em âmbito global, tendo como o maior e mais importante a Unesco.

Esta vem se posicionando em prol do desenvolvimento de medidas para a gestão do patrimônio com um princípio mais voltado para a faceta material e, nos últimos dez anos, para os símbolos intangíveis, e pela relevância que tem para as sociedades contemporâneas. Sua compreensão e alcance, não obstante, não se restringem apenas na declaração anual produzida, na qual se reconhecem e se registram caminhos para a gestão de algumas manifestações produzidas pela humanidade, mas, fundamentalmente, no reconhecimento da existência de sujeitos, relações e práticas sociais, que interferem nos processos de produção de expressões materiais e simbólicas que têm um potencial valor patrimonial. Os seres humanos usam seus símbolos, sobretudo para atuar, e não somente para comunicar. Como afirma Gonçalves (2003, p. 27), "o patrimônio não é apenas para simbolizar, representar ou comunicar: é bom para agir". Patrimônio é uma das vias para manifestar identificação e criar unidade, pois propicia a mediação sensível entre os seres humanos e divindades, entre mortos e vivos, entre passado e presente, entre o Céu e a Terra e entre outras oposições. O patrimônio, de certo modo, também contribui na formação de pessoas.

Para compreender os significados diversos adquiridos pelo patrimônio cultural, é necessário perceber algumas determinações básicas: "de quem?", "como", "quando", "para quê" e, sobretudo, "para quem"? "Um 'quem' local pode produzir um patrimônio para usos turísticos; um 'quem' nacional ou regional pode produzir um patrimônio para a adesão, e um 'quem' universal pode produzir um patrimônio para a salvaguarda da diversidade cultural" (PRATS, 2004, p. 74). Os critérios de legitimação são sempre os mesmos, mas os de ativação não. O patrimônio adquire também muitos significados, dependendo do coletivo interessado. Para a comunidade detentora de tal patrimônio: um símbolo de identificação, resistência, de orgulho, uma possibilidade econômica. Para o poder público e as empresas turísticas, os símbolos patrimonializados são recursos potenciais concretos. E para o meio científicos, são recursos econômicos para pesquisas. Inscrito nestes significados, Desvallées (1995) propõe a existência de duas tendências predominantes que enfatizam polos opostos: o "macro" e o "micro". O primeiro, correspondente às grandes ativações patrimoniais promovidas pelos governos nacionais patrocinados por grandes empresas ou mais raramente por fundações. O segundo corresponde fundamentalmente a iniciativas locais promovidas em campo municipal.

O macro visa ao volume de visitantes e ao âmbito econômico de tal patrimônio. Citam-se como exemplos, grandes museus, parques arqueológicos, museus de ciência, conjuntos monumentais e parques nacionais. Em contrapartida, o micro busca basicamente a subsistência e uma moderada incidência na dinâmica econômica e sociocultural de determinado local – isso não significa que não possa atender a uma hipotética afluência massiva de visitantes. Para tanto, trabalha-se com um orçamento limitado e com margem de custo-beneficio muito estreita. Refere-se também aos pequenos monumentos longe da cidade, pequenos museus temáticos, pequenas coleções e manifestações imateriais que ocorrem em determinado local.

Outro papel da patrimonialização, quando se trata de uma manifestação imaterial é o tratamento dado ao campo simbólico. Como mencionado, toda ativação não é inocente. Mesmo assim, a salvaguarda de uma manifestação imaterial tem como principal preocupação a busca de subvenções para que os detentores do saber possam prosseguir atuando, contribuindo para a manutenção da tradição. Na busca por subsídios, o turismo, apresenta-se como uma saída para dar ao patrimônio um status de autossuficiência. Sabe-se, que mesmo sem a ação do Estado – política pública específica para unir turismo ao patrimônio –, muitos elementos patrimonializados entram na vitrine turística de forma natural.

A dialética patrimônio-modernidade é constituída de fins e aplicações múltiplas. Sua capacidade de representar uma identidade no momento que os emblemas de alteridades são tidos como ouro a leva a extrapolar sua função social e cultural: torna-se um "refúgio compensatório", como afirma Nora (1997). O uso turístico é apenas uma entre várias possibilidades. Tal relação dá ao patrimônio mais que uma finalidade, um valor fora de seu campo simbólico: o econômico. Também faz do real um espetáculo.

Não que seja seu objetivo principal gerar divisas, mas hoje, a patrimonialização é uma tendência cada vez mais explorada. Um símbolo patrimonializado pela Unesco vai atrair visitantes de distintos locais e isso vai gerar consequências ruins e boas, dependendo do tipo de gestão que se aplique. O reconhecimento do interesse coletivo – inclusive universal – de determinado patrimônio conduz à ideia de restituição. Para Duclos (1993), é por conta dessa ideia que se considera o patrimônio um gerador de divisas e consequentemente um contribuinte do desenvolvimento econômico. Desvallées (1995) questiona que, ao utilizar a palavra patrimônio como meio de desenvolvimento cultural, não estamos confundindo o econômico com o cultural. Podemos nos lamentar, sem duvida, mas isso não impede que tal "confusão" deva ser assumida. É importante guardar-se de qualquer juízo precipitado. O turismo deve ser entendido como "valor agregado" ao patrimônio.

Considerações finais

Com base na memória institucionalizada, sob a tutela de organismos capazes de garantir legitimidade ao "bem", a noção de patrimônio se comunica com a sociedade por meio da materialização de alguns supostos. A existência de "bens patrimoniais" é sutil por admitir condições de imaterialidade. O fato de se tratar de bens eleitos, escolhidos, faz com que seja exigida intensa adesão popular – condição capaz de garantir dimensão à consagração da memória coletiva.

No mundo globalizado, os critérios de definição dos bens públicos, bem como toda a discussão sobre patrimônio, ganha condições de troca e isso ajuda o refinamento das ideias. Uma dimensão natural desse intercâmbio é o turismo que, por sua vez, tanto se beneficia da movimentação em geral como é ajudado por ela. Sobretudo, porém, valoriza-se o debate sobre patrimônio como forma democrática de acesso geral aos bens públicos. Nesse sentido, os temas relativos ao patrimônio integram-se no significado de estudos sobre memória coletiva.

Referências

BERGER, P. L; LUCKMANN, T. *La construcción social de la realidad*. Buenos Aires: Amorrortu, 2008.

CÁTEDRA, M. La manipulación del patrimonio cultural: la Fábrica de Harinas de Avila. *Política y sociedad*, v. 27, p. 89-116, 1998.

CHAUÍ, M. *Convite à filosofia*. São Paulo: Ática,2005.

DESVALLÉES, A. Emergence et cheminements du mot patrimoine. *Musées et Collections Publiques de France*, n. 208, p. 6-29, 1995.

DUCLOS, J. Colecta y restituición en Carmarga La museología. In: RIVIERÉ, G. H. *La museología*. Madrid: Akal, 1993. p. 244-250.

FRIGOLÉ, J. Inversiò simbèlica i identitat ètnica: una aproximació al cas de Catalunya. *Quaderns de l'Institut Català d' Antropologia*, n. 1, p. 3-28, 1980.

GONÇALVES, J. R. S. O patrimônio como categoria de pensamento. In: ABREU, R.; CHAGAS, M. (orgs.). *Memória e Patrimônio*: ensaios contemporâneos. Rio de Janeiro: DP&A, 2003. p. 20-29.

HOBSBAWM, E.; RANGER, T. *A invenção das tradições*. Rio de Janeiro: Paz e Terra, 1997.

NORA, P. *Les lieux de mémoire*. Paris: Gallirmard, 1985.

_____. Una noción de devenir. In: El patrimonio mundial: balance y perspectivas. *Correo de la Unesco*, p. 14-17, set. 1997.

POLLACK, M. Memória, esquecimento, silêncio. *Estudos históricos*, Rio de Janeiro, v. 2, n. 3, p. 3-15, 1989.

PRATS, L. *Antropología y patrimonio*. 2. ed. Barcelona: Ariel, 2004.

PUJADAS, J. J. *Etnicidad*: identidad cultural de los pueblos. Madri: Eudema, 1993.

MEMÓRIA E NARRATIVA ORGANIZACIONAL COMO EXPRESSÕES DA CULTURA ORGANIZACIONAL: O PODER DO *STORYTELLING*

Paulo Nassar
Rodrigo Silveira Cogo

O conceito de comunicação contém a ideia de tornar comum, partilhar, comungar. Para haver o compartilhamento, os envolvidos inevitavelmente devem estar em relação. Isso não significa, no entanto, que suas percepções tenham de ser as mesmas ou que deve haver concordância com o que fora enunciado. Também não significa que as partes em contato de fato estejam intercambiando informação transformada em conhecimento com bom nível de atenção ou retenção de mensagens. Para a comunicação nas e das organizações, é importante encontrar uma sintonia na interação de indivíduos e grupos. Nos dias de hoje, essa sintonia significa afastar-se de um modelo de gestão da comunicação no qual a organização se posiciona como um emissor autoritário de uma narrativa autoritária. Para Nassar (2004, p. 49):

> Esse tipo de gestão da comunicação peca por relacionar-se com os inúmeros públicos organizacionais de forma mecanicista, tal qual o apontador nas fábricas se comunica com os trabalhadores. É uma relação assentada em ordens, em uma visão autoritária e hierarquizada, com os outros como plateia, que preferencialmente deve "aplaudir", endossar tudo o que a empresa faz.

A ideia é que a narrativa organizacional ganhe atratividade e legitimidade com a contação de histórias ou *storytelling* – um formato envolvente, afetivo e de repercussão, que dá expressão e visibilidade à cultura da empresa ou instituição, mesmo em tempos de diversidade e competição entre as fontes emissoras. A memória organizacional é um processo inserido no pensamento e nas operações de comunicação organizacional nas quais uma empresa ou instituição tem que conservar e recuperar informações de sua história, disponíveis no âmbito de suas dimensões humanas e sociais (memórias biológicas) e tecnológicas (memórias artificiais). Por sua vez, a organização é um produto cotidiano de sua memória e das vozes que falam de sua tradição.

Marchiori (2006; 2008; 2010) tem realizado um importante estudo sobre cultura organizacional, e suas reflexões apontam a relevância da história, memória, cultura e comunicação como elementos que produzem o significado social de uma organização. Diz que:

> a cultura se forma através da atuação dos grupos e fomenta o que se pode chamar de "personalidade da organização". Os grupos relacionam-se, desenvolvendo formas de ser e agir que vão sendo por eles incorporadas (MARCHIORI, 2006, p. 79).

Nesse ínterim, é importante considerar a expressividade dos sujeitos, sobremaneira em um tempo de novas exigências e processos de trabalho, e:

> não se pode desprezar, na formação tanto de gestores como de trabalhadores, a percepção, a consciência e, sobretudo, as suas expressões historicamente construídas, as quais são viabilizadas pela comunicação (BULGACOV; MARCHIORI, 2010, p. 113).

A revelação da cultura de uma organização passa por sua história como é destacado, nos seguintes elementos, por Fleury (1996, p. 23):

> [...] recuperar o momento de criação de uma organização e sua inserção no contexto político e econômico da época propicia o pano de fundo necessário para a compreensão da natureza da organização, suas metas e seus objetivos.

A pesquisadora sublinha também que o olhar sobre a história organizacional revela: o papel fundamental do fundador na concepção do projeto e na estruturação do ideário – sua identidade, missão e visão – e simbologia da organização; os fatos relevantes que marcaram o desenvolvimento da organização como crises, expansões, pontos de inflexão, fracassos e sucessos; e a estrutura mítica organizacional.

Esta reflexão propõe o alargamento das fontes históricas não só baseadas em artefatos concretos e convencionais, mas considerando as vozes de diferentes agentes. É desse conjunto que se pode reconhecer a cultura organizacional. E, nos dois casos, ela vem na forma de narrativas.

Breves considerações sobre passado, presente e futuro

Marc Bloch (apud LE GOFF, 2003, p. 23) não gostava da definição "a história é a ciência do passado" e considerava absurda a própria ideia de que o passado, enquanto tal, possa ser objeto da ciência. Ele propunha que se definisse a história como a ciência dos homens no tempo e pensava nas relações que o passado e o presente entretecem ao longo da história. Considerava que a história não só deve permitir compreender o "presente pelo passado" – atitude tradicional –, mas também compreender o "passado pelo presente". Existe o tempo físico contínuo, uniforme, linear e divisível, o tempo cronológico ou tempo dos acontecimentos – socializado por calendários; e o tempo linguístico que tem o próprio centro no presente da instância da palavra, o tempo do locutor – no qual este trabalho enfatiza a valorização da contação de histórias e dos testemunhais. Afinal, "o passado é uma construção e uma reinterpretação constante e tem um futuro que é parte integrante e significativa da história" (LE GOFF, 2003, p. 24). Para esse autor, o fato não é, em história, a base essencial de objetividade, tanto porque os fatos históricos são fabricados e não dados, quanto porque, em história, a objetividade não é a pura submissão aos fatos. A cultura histórica não depende apenas das relações memória-história e presente-passado. Quem apresenta uma definição instigante é Santo Agostinho (2001, p. 305):

> o futuro e o passado não existem [...] não é exato falar de três tempos – passado, presente e futuro [...] os tempos são três, isto é, o presente dos fatos passados, o presente dos fatos presentes e o presente dos fatos futuros [...] O presente do passado é a memória. O presente do presente é a visão. O presente do futuro é a espera.

No Brasil, seguindo os passos agostinianos, Gilberto Freyre elabora a ideia de tempo tríbio que se antepõe ao tempo-financeiro, ao tempo-quantidade. Para Freyre (1983, p. 150-151), "o tempo tríbio, segundo o qual passado, presente e futuro são simultânea e dinamicamente um tempo abrangente, se tornaria uma reinterpretação mais do que de um passado". Freyre (1983, p.169) destaca, ainda, que o conceito brasileiro de tempo tríbio "nunca é, socialmente, apenas passado ou somente presente ou exclusivamente futuro, mas uma constante e simultânea interpretação dos três tempos sociais [passado, presente e futuro]".

Pinto (2001, p. 294), defendendo uma "poética da memória", fala na preparação de uma linguagem adequada à fixação dos referenciais passados e na articulação entre as muitas temporalidades que compõem a memória. A história busca produzir um conhecimento racional, uma análise crítica por meio de uma exposição lógica dos acontecimentos e vidas do passado. A memória, por sua vez, também é uma "construção do passado, mas pautada em emoções e vivências, ela é flexível e os eventos são lembrados à luz da experiência subsequente e das necessidades do presente" (FERREIRA, 2002, p. 321).

Memória, experiência e narrativas plurais

Uma memória consolidada e fortemente ligada às experiências compartilhadas que decidiram os rumos organizacionais, fonte de conhecimento e aprendizagem, permanece ao longo da história da organização e destaca as competências e os valores singulares que a diferenciam de outras diante da sociedade e de seus mercados. É essa memória de longa duração e valor competitivo que identifica a cultura organizacional e dá sentido e historicidade, respectivamente, aos discursos baseados em elementos como a identidade, lugares, valores, marcos fundadores, heróis e fundadores, mitos, ritos e rituais, missão, visão e tecnologias organizacionais.

A produção de um discurso mítico organizacional, ligado aos ritos e rituais, contribui para que a organização ganhe significado não só pelos seus artefatos visíveis, mas também pelos seus valores e pressupostos inconscientes, elementos esses destacados por Schein (2009) nos seus estudos sobre cultura organizacional. A organização, por meio de suas estruturas comunicacionais e relacionais, continuamente elabora e reelabora suas memórias, para ajustá-las e usá-las em uma comunicação influenciada por demandas de origens mercadológicas, institucionais, históricas, sociais, políticas, econômicas, tecnológicas e comportamentais de dado momento.

No âmbito organizacional, a memória que consolida a cultura organizacional é generalista e relacionada diretamente ao ideário – principalmente aos seus valores – de uma empresa ou instituição. Por isso, constitui-se em uma referência discursiva indutiva e orientadora sobre a organização para os integrantes da organização e para a sociedade. Foucault (1971, p. 24) afirma que esses discursos referenciais estimulam "falas que os retome, que os transformem ou falem deles".

É por meio desses discursos assentados numa memória estrutural que a organização tem a sua presença, a sua visão de mundo socialmente contextualizada e historicamente explicada e legitimada diante de novos membros e de novos ambientes que se apresentam no dia a dia organizacional. Essa memória estruturante da cultura organizacional é formalizada e é a matriz de conteúdos, relacionados à produção material e simbólica de uma empresa ou instituição, que se estruturam em narrativas de suas inúmeras áreas: histórico da organização; lugares da organização no mercado e na sociedade; seu ideário; processos de socialização intraorganizacionais e extraorganizacionais com a sociedade, com públicos como clientes, comunidade, imprensa, fornecedores, distribuidores, autoridades, entre outros e com redes de relacionamentos; políticas de recursos humanos; as políticas de comunicação, entre outras diretrizes. Essa é a matriz que estrutura a cultura organizacional. A narrativa organizacional é constituída de memórias ligadas à história, identidade, valores, missão e visão organizacionais. Nesse caminho, Marchiori (2008, p. 102) já detectava a interconexão dos temas, ao assinalar que significado e comunicação como forças na cultura organizacional são conceitos que trazem imediatamente a questão das narrativas – "um dos meios pelos quais a cultura organizacional é formada, processada, validada e alterada", em que se consideram a construção retórica, o uso persuasivo da linguagem, os simbolismos, as metáforas e os mitos.

No entanto, é necessário destacar que, na atualidade, toda narrativa assentada na memória que dá sentido à cultura organizacional não tem como fonte criadora exclusivamente a organização. Os públicos, as redes de relacionamento e a sociedade se posicionam como cocriadores da narrativa organizacional. Emergem na atual sociedade, simultaneamente, atores diversificados e comunicantes com alta potencialidade de criação, estimulados por plataformas conectadas facilitadoras de trocas e difusões de posicionamento. São pessoas que apresentam um nível superior de exigência no que se refere a conteúdo e atratividade contextual, bem distantes da postura passiva imaginada até então – e supostamente adequada ao formato unidirecional *broadcast*. Hoje, com multiprotagonistas em interações mediadas ou incitadas pela tecnologia, a Comunicação Organizacional e as Relações Públicas acabam reconfiguradas para dar conta de expectativas mais elevadas em torno da transparência e da relevância das mensagens. Quando localizada na memória organizacional como estimuladora de significados e geradora de pertencimentos ligados à cultura da empresa ou instituição, um centramento estratégico da narrativa deve considerar a necessidade de recriação de formatos interativos como força atrativa diante da atenção pulverizada. Afinal, com o descentramento do sujeito corporativo, esse processo se torna redobradamente difícil porque esse não é mais singular e estável, mas sim múltiplo e mutável de acordo com a situação que enfrenta. Conquistar sua atenção e sua palavra de recomendação se torna algo complexo. É interessante a reflexão de Benjamin (1986b, p. 200), para quem, desde a ruptura do sistema corporativo medieval e a ascensão da burguesia europeia, foram iniciadas as condições desfavoráveis de aproximação entre o narrador e seus ouvintes. O então sistema artesanal era propício para o encontro entre as experiências do mestre e as vivências dos aprendizes, algo que o sistema fabril veio a romper. Sendo que vivências de ruptura "são marcas de um tempo em que os imperativos econômicos passaram a mediar as relações interpessoais, em que a globalização emergiu como ameaça às tradições" (FROCHTENGARTEN, 2005, p. 470).

Por isso, desenvolvemos um estudo para aproximar o mundo rígido das organizações à dimensão do simbólico, notadamente por meio de projetos de atualização da memória organizacional, comunicada não apenas pelas mídias tradicionais, mas, principalmente por meio de ritos e rituais que resgatem a presença das denominadas velhas artes – o ditirambo, o teatro, a arquitetura, a escultura e a narrativa oral – no ambiente da empresa. Diante da proposta da emergência da contação de histórias no ambiente corporativo, vê-se que não é a objetividade total que garante legitimidade à abordagem, quanto menos a compreensão da audiência. O grande desafio é saber utilizar o lastro histórico não como acúmulo convencional de fatos, mas como encantamento do espírito e enriquecimento da experiência.

A vivência e as percepções dos indivíduos no cenário organizacional precisam ser compreendidas de processos de gestão e comunicação em que a produtividade não seja um aprisionamento. Afinal, a emoção, o sentimento de pertencimento e a inspiração fogem dos enquadramentos das planilhas e formulários e são sensações facilmente despertadas por projetos de memória de cunho participativo e dialógico, como os desenvolvidos sobre a perspectiva do *storytelling*.

Como assinala Wood Jr. (1996, p. 23), estratégia é "um padrão de comportamento, algo que se constrói ao longo da história da empresa, algo com raízes no passado". A questão é quais estratégias e táticas de relacionamento e comunicação devem ser empreendidas para criar e manter confiança, para mover-se da desconfiança para a confiança e para superar um eventual abuso na confiança para sua recuperação.

A temporalidade hoje, como diz Matos (1998, p. 29), "é de um presente opaco, sem passado, plasmado, petrificado", e, por ser espacializado, fragmentado e repetitivo, o cotidiano não traz o encantamento necessário para obter atenção num cenário de instabilidade e múltiplos apelos concorrentes. O comunicador precisa ter cuidado com o estabelecimento de relações de confiança, dentro da constatação da filósofa de que "a eterna mudança é inimiga da memória, tornando-a supérflua em um mundo no qual o homem é tratado como mera função, como *business*" (MATOS, 1998, p. 30). Uma definição fundamental para a área, fazendo esta conexão entre comunicação, organização, história, memória e *storytelling*, é dizer que "a comunicação organizacional é um conjunto de atos retóricos cuja argumentação evoca o passado, justifica o presente e prepara o futuro" (HALLIDAY, 1998, p. 32).

A narrativa histórica norteia a compreensão do presente para o indivíduo e para a organização, sendo que está "impregnada nos códigos presentes nas relações de trabalho, no 'jeito' de trabalhar e na força da marca" (WORCMAN, 2004, p. 25). Como uma organização não existe isolada da sociedade – aliás, faz parte da trama social –, uma história externalizada ultrapassa o simplista enfoque de ação de comunicação ou de recursos humanos. Nassar (2008a, p. 199) postula que "são as mensagens, as histórias, que configuram as redes de relacionamentos, é só por meio da análise, da interpretação e da opinião sobre esses conteúdos é possível entender a rede". O grande desafio das corporações é exatamente encontrar o formato ideal de expressão para então garantir atenção e legitimidade, e, nesse ponto, surge a contação de histórias como recurso de registro e utilização da memória e no resgate de valores e princípios com uma dinâmica interativa própria e envolvente. Nesse sentido, avulta a importância de políticas de relações públicas lastreadas na memória de busca por engajamento, por meio de uma comunicação integral pautada por alguns preceitos de universalidade e troca dialógica, na consciência de que "a história empresarial é a história de suas relações públicas" (NASSAR, 2008b, p. 111-112). Mais que isto, é entender que:

as organizações são percebidas, lembradas e narradas de inúmeras formas pela sociedade, pelos mercados, pelos públicos e pelos indivíduos. Uma das formas mais importantes é definida pela história e pelas diferentes formas de memória dessa história que os protagonistas sociais têm das organizações como um todo e também em suas expressões individuais (NASSAR, 2008b, p. 117).

Com base nas expressões culturais de uma empresa, as sociedades e mercados se reconhecem para o bem e para o mal em marcas, produtos, valores e atitudes. Ao escavar suas memórias, na linha do tempo de sua trajetória, as empresas talvez conquistem o reconhecimento de suas responsabilidades históricas em relação à atual conjuntura do mundo.

Nos relatos de memória, a seletividade das experiências passadas acarreta reflexos no presente da organização, quando a exaltação ou negativa de adversidades e êxitos influenciam a própria trajetória como marcos de inspiração ou de reticência e envergonhamento. Essa contação de história, por outro lado, acaba retomando as realidades relacionais da organização com os diversos públicos considerados estratégicos para a gestão da sua conduta, procurando a legitimidade nas múltiplas versões dadas por diversas vozes resgatadas, com valor de documento. O objetivo é evitar, tanto quanto possível, as deformações e os apagamentos em que os lapsos servem a interesses específicos. Nassar (2008b, p. 116) chama esta espécie de "engenharia do esquecimento" como "relações não públicas", em que acontece o afastamento de protagonistas e testemunhas, a destruição de instalações e objetos, o descarte de documentos. A narração de uma história como meio contra o esquecimento, mesmo com métodos planejados de observação, não pode ser eximida de questões perceptivas do observador, com seus sentidos e instrumentos ideologicamente ou não conduzidos na tarefa.

Proposta do *storytelling*

Para encaminhar o raciocínio, cabe resgatar e valorizar que, entre os instrumentos de trabalho do historiador e do comunicador, está o testemunho. A historiografia antiga recorreu a testemunhos diretos na construção de seus relatos – um tipo de fonte que viria a ser desqualificada na segunda metade do século 19 e logo após teria restaurada sua validade no estudo do tempo presente (FERREIRA, 2002, p. 314). Foi por volta da década de 1980 que se revalorizou a análise qualitativa e se resgatou a importância das experiências individuais, deslocando o interesse das estruturas para as redes, dos sistemas de posições para as situações vividas, das normas coletivas para as situações singulares. Nassar (2009, p. 301), atraindo o tema para o ambiente organizacional, diz que:

> uma das formas pelas quais se conta a história são os testemunhos, que escondem as suas intenções de elogiar as empresas e as marcas que assinam as peças publicitárias. A produção se aproxima tecnicamente dos depoimentos de vida, nos quais se pretende retirar testemunhos que guardam distância a respeito do que se fala.

Desde a Antiguidade, a prática da retórica consiste no uso de argumentação como instrumento de gestão dos negócios humanos (HALLIDAY, 1998, p. 32). Para a pesquisadora, gestão é uma soma de atos administrativos e atos retóricos, sendo que:

> os comunicadores empresariais enfrentam novas cobranças profissionais: serem cogestores da empresa. tratarem a comunicação organizacional da Nova Era como importante ferramenta estratégica de gestão [...] estão finalmente assumindo a construção simbólica da realidade empresarial como legítimos agentes retóricos que são (HALLIDAY, 1998, p. 32).

É importante, então, fixar a conceituação: o *storytelling*, na esteira de pensamento de Mota (2007, on-line), é um formato *cross-midia* e de marketing desenvolvido pelas organizações, notadamente de mídia em seus núcleos de dramaturgia. É um processo que resulta de uma prática recuperadora do passado como alvo de inspiração e de recriação argumentativa, na proposta de estabelecer um trampolim para manter diálogos produtivos com diversos públicos no presente e até obter vantagens sobre concorrentes no futuro. Para Terra ([s.d.], on-line), *storytelling* é "o ato de contar histórias de forma deliberada e sistemática como forma de transferir conhecimentos, cultura e valores. E também inspirar, gerar coesão social e conectividade emotiva entre os indivíduos".

Já Cogo (2010, on-line) faz um alinhamento do tema com narrativas da experiência, afastando-se das inter-relações ficcionais, e apresenta motivos para entender *storytelling* como uma:

lógica de estruturação de pensamento e formato de organização e difusão de narrativa, por suportes impresso, audiovisual ou presencial, baseados nas experiências de vida próprias ou absorvidas de um interagente, derivando relatos envolventes e memoráveis.

O referido pesquisador postula tratar-se de uma proposição de complexidade que parece passar despercebida no cotidiano profissional de comunicadores organizacionais e relações públicas, ainda absortos no atendimento pontual e sequencial de demandas de setores, o que dificultaria a reflexão sobre a extensão dos atos retóricos em ambiente de trabalho. Com pessoas alterando de maneira significativa o foco de suas atribuições de confiabilidade, suprimindo ou atenuando a pretensa influência das grandes corporações, dos governos, das igrejas ou da mídia *broadcast*, cria-se uma outra ordem de parâmetros para conformar a reputação. Para ele, entre os desafios da comunicação nas/das organizações, aumenta a importância da conquista da atenção dos interlocutores para, só então, procurar a transformação da informação em conhecimento, a mobilização para agir ou mudar e ainda a recomendação, ou mesmo defesa, do negócio, seus produtos, serviços e pontos de vista (COGO, 2010, on-line). Nesse raciocínio estaria o contexto do *storytelling*.

Narrar histórias trata justamente de relações humanas com conotações informativas, psíquicas, neurológicas e sociais como um prazer universal. As histórias de vida comportam contínuas reestruturações de eventos passados e, ainda que se mantenham núcleos fundamentais, os fios condutores, as contingências do presente se integram a todas as dimensões da narrativa (MENESES, 1992, p. 11). Nessa perspectiva é que formatos como *storytelling* podem ser preciosos para garantir a atenção, num primeiro momento, e o estímulo à legitimação na sequência.

Domingos (2008, on-line) não hesita em afirmar que narrar história tornou-se um meio eficaz de comunicação institucional que utiliza a retórica persuasiva como forma de promover uma simbiose empática entre diferentes interlocutores. A estruturação de inteligência em contação de histórias numa organização encontra um reforço numa vasta literatura de metáforas neste ambiente. A associação entre o poder da palavra e a função do cultor da memória, considerando a tradição de uma cultura oral, revela o imenso poder conferido à palavra, apresentado por uma relação quase mágica que acontece entre o nome e o que é nomeado com base na pronúncia.

Oliveira (2006, p. 245) defende "uma história que necessita ser cantada, em vez de contada", tal o teor poético que deve compreender para garantir uma aura de magia e de atratividade. As histórias transportam para outro mundo, fazendo com que as pessoas envolvidas sintam emoções e sensações, sendo que "o narrar possibilita que o aprendiz mergulhe na história e possa meditar sobre ela, favorecendo o desenvolvimento da sensibilidade artística" (PEREIRA et al., 2009, p. 101). Os relatos são criações narrativas com espontaneidade. O passado narrado carrega sempre uma opinião, porque "a arte do narrar envolve a coordenação da alma, da voz, do olhar e das mãos" (FROCHTEGARTENN, 2005, p. 372). A narração é uma prática de linguagem e se renova a cada experiência de recordar, pensar e contar, porque "a narração avança e recua sobre a linha do tempo, como que transbordando a finitude espaço-temporal que é própria dos acontecimentos vividos" (BENJAMIN, 1986a, p. 37). A narração doa um tempo e um lugar, uma sequência e uma causalidade às reminiscências. Como diz Schank (apud PEREIRA; VEIGA; RAPOSO; FUKS; DAVID; FILIPPO, 2009, p. 101), "a mente pode ser vista como uma coleção de histórias, coleção de experiências já vividas".

Sunwolf (2005, p. 305) não tem dúvida: seres humanos são criaturas que contam histórias. As pessoas têm necessidade de possuir símbolos que as ajudem a entender e a interpretar o mundo. Fischer, estudioso que pôs os sistemas de narrativa em primeiro plano para a compreensão da comunicação, sugeriu que o ser humano pode ser mais bem entendido como *homo narrans* por organizar sua experiência em histórias com tramas, personagens centrais e sequências de ação que trazem lições implícitas e explícitas. As pessoas buscariam, instintivamente, uma lógica narrativa (apud SUNWOLF, 2005, p. 305). As histórias estão entre as unidades mais básicas de comunicação, porque o homem é socializado pela narratividade, embora possa ser educado pela racionalidade. O papel das histórias sob uma perspectiva social foi analisado em campos tão diversos como psicologia, sociolinguística, ciências políticas, história, antropologia, direito e comunicação.

A fonte oral proporciona a visão individual e subjetiva dos acontecimentos, que entretém constante diálogo com o sentir de um grupo (familiar, local, étnico, nacional) e de uma época. Como entende Vangelista (2006, p. 185), "expressa-se, entre outras palavras, em narração, com a construção de uma trama, na qual herói e os demais protagonistas, tipos sociais e psicológicos, desenvolvem um vivido". Toda organização tem histórias de guerra, com heróis e visões de mundo construídas de pequenas ou grandes anedotas que se transmitem diariamente e perpetuam seu ethos (TERRA, [s.d.], on-line). E, com isso, os valores da organização vivem nas histórias que são contadas, revividas e relembradas a cada momento.

O projeto Memórias Ecanas, resultado dos trabalhos acadêmicos realizados desde 2006 pelos alunos do 6º Semestre de Relações Públicas da

Escola de Comunicações e Artes (ECA) da Universidade de São Paulo (USP), para a disciplina de Produção Audiovisual ministrada por Paulo Nassar, é um bom exemplo de *storytelling* – no caso, ativando a comunicação institucional de uma universidade. O projeto é uma ação de comunicação que conta com a gravação e edição de testemunhos que apresentam diversas memórias de quem fez e faz parte da história da Escola: professores, alunos, ex-alunos e funcionários dão depoimentos de vida, narrando suas lembranças em relação à ECA. Conforme assinalam Nassar, Souza e Ribeiro (2010, p. 334), o projeto:

> tem como objetivo principal, a partir da colaboração de inúmeras gerações de ecanos, resgatar um tesouro onde estão os marcos e protagonistas fundadores, ritos e rituais e mitos de uma Escola que é, no Brasil, pioneira e matriz do campo dos estudos relacionados à Comunicação e às Artes.

Os vídeos resultantes[1] denotam a importância desses registros, demonstrando a transformação da memória em história, revelando significados, afetos, empatias e valores. Esse tipo de ação comunicacional registra a memória viva, as emoções, as paixões, o olhar, a perspectiva peculiar e os sentimentos dos indivíduos que possuem uma ligação muito grande e afetiva com a instituição, transmitindo uma identidade extremamente positiva, uma vez que a pessoa não apenas fala bem, como discursa de forma transparente e verdadeira. A ECA, então, passa a ser conhecida pelo que os entrevistados dizem sobre ela, fazendo reviver seus valores, gerar um contínuo desenvolvimento de sua identidade corporativa e promover sua imagem institucional, ganhando pontos positivos na mente de seus públicos de interesse.

É preciso reconhecer, todavia, que a investigação sobre histórias em organizações, desdobrada em narrativas, histórias, relatos, contos, mitos, fantasias e sagas, é um tema ainda novo. Por isso, é tão importante pesquisar os processos de contação de histórias como ativadores de um renovado envolvimento da comunicação organizacional com os públicos desejados e de uma postura de interlocução e de escuta amplas em direção aos interagentes sociais. O *storytelling* vem justamente favorecer a empatia, "uma habilidade comunicativa com alto nível valorativo e que motiva, de maneira extraordinária, o desenvolvimento relacional" (FERNÁNDEZ COLLADO, 2008, p. 47, tradução nossa).

---

[1] Memórias Ecanas. Disponível em: <http://www.youtube.com/user/memoriasecanas>. Acesso em: 04 dez. 2013.

Referências

BENJAMIN, W. A imagem de Proust. In: BENJAMIN, W. *Obras escolhidas*. 2. ed. São Paulo: Brasiliense, 1986a. p.36-49.

_____. O narrador: considerações sobre a obra de Nikolai Leskov. In: BENJAMIN, W. *Obras escolhidas*. 2. ed. São Paulo: Brasiliense, 1986b. p. 197-221.

BULGACOV, S.; MARCHIORI, M. O ser e a comunicação dos saberes. In: MARCHIORI, M. (org.). *Faces da cultura e da comunicação organizacional*. v. 2. São Caetano do Sul, SP: Difusão, 2010. p. 105-119.

COGO, R. Memória através de *storytelling*: estudando o mundo da dramaturgia organizacional. *Aberje*, 16 jul. 2010. Disponível em: <http://www.aberje.com.br/acervo_colunas_ver.asp?ID_COLUNA=307&ID_COLUNISTA=18>. Acesso em: 30 nov. 2011.

DOMINGOS, A. A. *Storytelling*: narrativas midiadas como fenômeno de comunicação institucional. *Jornada de Ciências da Saúde e Jornada de Ciências Sociais Aplicadas*, III, 2008, Bauru, SP. Anais... Bauru, SP: Faculdades Integradas de Bauru, 2008. Disponível em: < http://www.fibbauru.br/files/Storytelling-%20narrativas%20mediadas%20como%20fen%C3%B4meno%20de%20comunica%C3%A7%C3%A3o%20institucional.pdf>. Acesso em: 15 abr. 2010.

FERNÁNDEZ COLLADO, C. *La comunicación humana en el mundo contemporáneo*. 3. ed. Cidade do México: McGraw-Hill, 2008.

FERREIRA, M. M. História, tempo presente e história oral. *Topoi*, Rio de Janeiro, p. 314-332, dez. 2002.

FOUCALT, M. *A ordem do discurso*. São Paulo: Loyola, 1971; 1996.

FLEURY, M. T. L.; FISCHER, R. M. *Cultura e poder nas organizações*. São Paulo: Atlas, 1996.

FREYRE, G. *Insurgências e ressurgências atuais*: cruzamentos de sins e nãos num mundo em transição. São Paulo: Global, 1983.

FROCHTENGARTEN, F. A memória oral no mundo contemporâneo. *Estudos avançados*, Revista do Instituto de Psicologia da USP, São Paulo, v. 19, n. 55, p. 367-376, set./dez. 2005.

HALLIDAY, T. A missão do retor. *Comunicação empresarial*, Aberje, São Paulo, n. 29, p. 32-35, 3. trim. 1998.

LE GOFF, J. *História e memória*. 5. ed. Campinas: Unicamp, 2003.

MARCHIORI, M. Cultura e comunicação organizacional: uma perspectiva abrangente e inovadora na proposta de inter-relacionamento organizacional. In: MARCHIORI, M. (org.). *Faces da cultura e comunicação organizacional*. São Caetano do Sul, SP: Difusão, 2006. p. 77-94.

_____. *Cultura organizacional e comunicação*: um olhar estratégico sobre a organização. 2. ed. São Caetano do Sul, SP: Difusão, 2008.

MATOS, O. *Vestígios*: escritos de filosofia e crítica social. São Paulo: Palas Athena, 1998.

MENESES, U. B. A história, cativa da memória? *Revista do Instituto de Estudos Brasileiros*, São Paulo, n. 34, p. 9-24, 1992.

MOTA, M. Transmedia *Storytelling*. *CoxaCreme*, 4 dez. 2007. Disponível em: <http://www.coxacreme.com.br/2007/12/04/transmedia-storytelling>. Acesso em: 13 fev. 2010.

NASSAR, P. História e memória organizacional como interfaces das relações públicas. In: KUNSCH, M. M. K. (org.). *Relações Públicas*: história, teorias e estratégias nas organizações contemporâneas. São Paulo: Saraiva, 2009. p. 291-306.

_____. A mensagem como centro da rede de relacionamentos. In: FELICE, M. Di (org.). *Do público para as redes*: a comunicação digital e as novas formas de participação social. São Caetano do Sul: Difusão, 2008a. p. 191-201.

_____. *Relações Públicas na construção da responsabilidade histórica e na atualização da memória institucional das organizações*. 2. ed. São Caetano do Sul, SP: Difusão, 2008b.

_____. *Tudo é comunicação*. São Paulo: Lazuli, 2004.

NASSAR, P.; SOUZA, J. V. R.; RIBEIRO, E. P. Memórias ecanas e o resgate da propaganda. In: AQUINI, V. (org.). *A USP e a invenção da propaganda*: 40 anos depois. São Paulo: Fundac, 2010. p. 331-336.

OLIVEIRA, M. R. Oralidade e canção: a música popular brasileira na história. In: LOPES, A. H.; VELLOSO, M. P.; PESAVENTO, S. J. (orgs.). *História e linguagens*: texto, imagem, oralidade e representações. Rio de Janeiro: 7Letras, 2006. p. 245-254.

PEREIRA, A. et al. *Storytelling imersivo colaborativo*: Time2Play no Second Life. *Simpósio Brasileiro de Sistemas Colaborativos*, VI, 2009. Fortaleza. Anais... Fortaleza: IEEE-CS, out. 2009. p. 99-105. Disponível em: <http://groupware.les.inf.puc-rio.br/groupware/publicacoes/SBSC09_Time2Play_Final1.pdf>. Acesso em: 20 abr. 2010.

PINTO, J. P. Todos os passados criados pela memória. In: LEIBING, A.; BENNINGHOFF-LÜHL, S. (orgs.). *Devorando o tempo*: Brasil, o país sem memória. São Paulo: Mandarim, 2001. p. 293-300.

SANTO AGOSTINHO. *Confissões*. Lisboa: Imprensa Nacional, 2001. Tradução Arnaldo do Espírito Santo.

SCHEIN, E. H. *Cultura organizacional e liderança*. São Paulo: Atlas, 2009.

SUNWOLF, J. Era uma vez, para a alma: uma revisão dos efeitos do *storytelling* nas tradições religiosas. *Comunicação & Educação*, Revista do Curso de Especialização em Gestão da Comunicação da Escola de Comunicações e Artes da USP, São Paulo, a. 10, n. 3, p. 305-325, set./dez. 2005.

TERRA, J. C. *Storytelling* como ferramenta de gestão. In: *Biblioteca Terra Fórum*. São Paulo, [s.d.]. Disponível em: < http://www.terraforum.com.br/biblioteca/Documents/Storytelling%20como%20ferramenta%20de%20gest%C3%A3o.pdf>. Acesso em: 21 maio 2010.

VANGELISTA, C. Da fala à história: notas em torno da legitimidade da fonte oral. In: LOPES, A. H.; VELLOSO, M. P.; PESAVENTO, S. J. (orgs.). *História e linguagens*: texto, imagem, oralidade e representações. Rio de Janeiro: 7Letras, 2006. p. 185-193.

WOOD JR., T. Uma nau sem rumo. *Carta Capital*, São Paulo: a. 2, n. 26, p. 20-25, 26 jun. 1996.

WORCMAN, K. Memória do futuro: um desafio. In: NASSAR, P. (org.). *Memória de empresa*: história e comunicação de mãos dadas, a construir o futuro das organizações. São Paulo: Aberje, 2004. p. 23-30.

ÍNDIOS AMERICANOS: UMA ANÁLISE ANTENARRATIVA DE NARRATIVA PELAS CULTURAS

Grace Ann Rosile
David M. Boje

Oferecemos neste capítulo uma análise antenarrativa da narrativa indígenas americana como um exemplo de narrativa *cross-cultural*. Quando interpretamos a história dos índios americanos por meio do formato de narrativas euro-ocidentais de começo-meio-fim (*beginning-middle-end – BME*), um tanto se "perde na tradução". Demonstramos como as histórias dos índios americanos violam a regra da narrativa linear começo-meio-fim e outras regras euro-ocidentais da narrativa tradicional. Em vez disso, as histórias indígenas são mais bem compreendidas utilizando a "antenarrativa espiral (*spiral*) e de ajuntamento (*assemblage*)" e os conceitos de redes de "história vivida" de Boje (2001; 2011).

Conectamos a abordagem de narrativa de Boje com o construtivismo relacional de Deetz. Ambos os autores, oferecem abordagens para dar sentido ao mundo que são compatíveis com as formas indígenas de conhecer e contar histórias (*storytelling*). E vão além do *sensemaking* retrospectivo. A diferença entre antenarrativa e construtivismo relacional é que com a antenarrativa, a espiral e o ajuntamento de antenarrativas são sobre a relação do futuro puxando o presente. O construtivismo relacional mapeia redes de relações contínuas que são medidas de formas específicas.

Utilizando a antenarrativa como uma ferramenta analítica, examinamos cinco formas importantes pelas quais a narrativa indígena difere da narrativa euro-ocidental. A primeira é a primazia das relações. A segunda é estender o sentido de vida e a rede de relações a "objetos inanimados". A terceira é que, nessa rede de relações, os humanos não são superiores a, mas, sim, estudantes de um mundo natural. A quarta é que o sentido de tempo é subordinado à significância do lugar. E a última: todas essas diferenças contribuem para que o *storytelling* indígena tenha uma materialidade inerente que não está presente nas narrativas euro-ocidentais.

Finalmente, oferecemos "tipos de antenarrativas" e "redes de histórias vividas" como fundamentos para uma comunicação *cross-cultural* mais efetiva. Na medida em que a antenarrativa é pré-narrativa, o olhar para o "antes da narrativa" é moldado em uma forma ou estrutura rígida. A antenarrativa nos permite compreender os níveis mais profundos de diversidade além da representação epistemológica (narrativa) de experiências passadas. A antenarrativa inclui o fluxo e o dinamismo da história vivida, e contém a potencialidade do futuro. A história vivida é no-momento e antes-da-história.

Nos termos de Heidegger (1962), começamos com o ôntico. Ôntico é o que é medido no-presente. As histórias são tratadas como entidades como-coisa, como-objeto. Seguimos para o ontológico, no qual o significado de Estar-no-mundo é orientado para o futuro na sua essência de cuidado e preocupação. Os métodos de antenarrativas deslocam o movimento do ôntico para o ontológico. Esses movimentos filosóficos são o que permitem que a narrativa indígena incorpore materialidade e preocupação com condições materiais, o que é, em geral, ausente nas narrativas euro-ocidentais.

Para esclarecer nossa terminologia, "história" aqui é distinta de "narrativa". Narrativa é um domínio de discurso, contendo três gêneros: história vivida, narrativa e antenarrativa. Utilizamos o termo "história vivida" para, mais precisamente, identificar a história orientada-para-o-presente, no-momento. Em contraste a isso, a narrativa é retrospectiva e orientada-para-o-passado, com começo, meio e fim; e/ou envolve um enredo que soluciona um problema ou resolve um conflito. Antenarrativa é um estudo prospectivo, antes-da-narrativa, "aposta" no futuro. "Narrativa" é o nosso conceito amplo, abrangente, que inclui fragmentos, pré-histórias e histórias institucionalizadas, bem como narrativas e antenarrativas.

As seções seguintes deste capítulo posicionam nosso trabalho no contexto do construtivismo relacional de Deetz. Em um segundo momento, exploramos as diferenças entre a narrativa indígena americana e a narrativa euro-ocidental. Examinamos seis formas pelas quais a narrativa dos índios americanos viola as regras das narrativas euro-ocidentais (ver na Tabela 7.1 um resumo dessas diferenças). Em terceiro lugar, explicamos os quatro tipos de antenarrativas e os relacionamos com a narrativa indígena e a história vivida. Concluímos sugerindo como a história vivida pode relacionar mundos indígenas e euro-ocidentais para cocriar uma história compartilhada.

Tabela 7.1 – Comparação dos gêneros de narrativas

	Narrativa	Antenarrativa	Narrativa indígena	História vivida
Estrutura	Começo, meio, e fim; pode ser linear ou cíclica	Linear, cíclica, espiral, ajuntamentos rizomáticos	Espiral e ajuntamentos rizomáticos	Sem começo ou fim; no meio
Orientação temporal	O tempo é subjetivo	O tempo é primordial (do nascimento à morte) e prevendo o futuro	O tempo se encerra em si mesmo; o passado se mistura ao presente	Orientado-para-o-presente com resquícios do passado
Orientação espacial	Incidental e frequentemente não importante para o enredo; ou é uma abstração	Com base no meio ambiente	O lugar tem uma importância central e comporta a história	O lugar fornece contexto e materialidade
Personagens	São humanos e restritos aos participantes co enredo	Pode incluir humanos antes ("ante") do "enredo"	Inclui humanos e não humanos, vivos, não-vivos ou falecidos	Dinâmicos e mudando nas redes de relações
Enredo	Tem um problema a ser resolvido, ou uma pergunta a responder, ou um mistério	É "ante" para (antes) do enredo	Gira em torno das relações não em torno de questões, enredos ou problemas	Ser e tornar-se
Orientação passada, presente ou futura	Retrospectivo	Prospectivo	De longo prazo, através das gerações	No-momento

Fonte: Proposta pelos autores.

Narrativa dos índios americanos e o construtivismo relacional de Deetz

Deetz (2013) explica a relação dos humanos e o *sensemaking* humano para o mundo material e para outros humanos:

> [...] Vista sob uma orientação construcionista-relacional, ambos, tanto a forma do encontro quanto o encontro em si, são tratados como fluidos e indeterminados, tornando-se determinados somente na interação. Nos termos da teoria da articulação, os "elementos" exteriores tornam-se articulados como "objetos" apenas em momentos específicos do encontro. A "materialidade" se faz presente como "objetos", não como "elementos" (Deetz, 2013, p. 32).

Desse modo, Deetz foge da ideia de que não há realidade externa fora das nossas imaginações e do nosso *sensemaking*. Em vez disso, o sentido é coformado no momento do encontro, e tem nele uma qualidade material. Inerentemente, o seu encontro é, de certa forma, diferente do meu. Além disso, o agrupamento de nossas construções de um encontro comum se torna um processo social, ou uma construção social. E, para Deetz, a essência desse processo social é a relação no-momento.

Na nossa leitura de Deetz, a construção social é precedida e moldada por nossa posição individual dentro de uma rede de relações com o mundo material e humano. Criar significado, e assim também identidade, é algo tão relacional que o termo "individual" quase torna-se irrelevante. Isso é compatível com as culturas e ontologias dos índios americanos (forma de ser e vivenciar o "ser"). As perspectivas indígenas tendem a não dualizar o mundo material e humano, o "eu" e o outro. Em vez disso, a experiência indígena do mundo é mais como redes de seres viventes, todos vivos e em uma relação.

Existem quatro razões principais pelas quais a cultura indígena americana é especialmente compatível com o construtivismo relacional de Deetz. Primeiro, a cultura de tribo tem como foco a relação como uma modalidade de *sensemaking*. No construtivismo relacional de Deetz, a relação também é central.

Segundo, a ênfase indígena em relacionamentos se estende e inclui as relações com o mundo natural e "objetos" (tais como rochas). As abordagens euro-ocidentais geralmente veem o mundo não humano como "coisas" não viventes. Deetz também inclui a materialidade no seu conceito de relação.

Terceiro, a relação indígena do humano dentro do mundo natural é como a de aluno-professor. Isso evita a hierarquia de status no dualismo euro-ocidental do vivente e do não vivente, humano e não humano. Como em todos os dualismos (como opostos polares preto-branco ou certo-errado), um lado da dualidade é visto como sendo superior ao outro. No dualismo euro-ocidental, os viventes têm maior valor e têm um status mais alto que os não viventes. Contudo, em culturas indígenas e de índios americanos, os humanos não são superiores ao mundo natural. Em vez disso, os humanos ganham sabedoria e *insights* ao considerarem o mundo natural.

Em quarto lugar, o conceito de relação de Deetz inclui materialidade. Na nossa leitura de Deetz, a materialidade do mundo (elementos) torna-se parte da relação (objeto-sujeito) no momento do encontro. Isso é semelhante ao conceito de Serres (1983; 1990; 1993) de quase-objetos. Para quase-objetos como uma bola de futebol, a rede de relações humanas do time de futebol inclui, e certamente depende de, sua relação com a bola. Não existiria um time de futebol sem a bola de futebol.

Ao incorporar a materialidade, Deetz preenche uma lacuna em muitas perspectivas construcionistas. A materialidade é central para a narrativa indígena e para a antenarrativa de Boje. Todavia, é Bruno Latour (1999; 2005) que provê uma crítica lancinante da falta de atenção à materialidade do construcionismo social, no extremo tratando a condição material como não existente. As teorias de existência são chamadas de ontológicas, e as teorias da construção social têm se estabelecido dentro da epistemologia (conhecimento, de consciência). Latour (1999; 2005) acusa que não há nem materialidade do "social" nem "construção" no construcionismo social. Assim, a materialidade é elemento final culminante de compatibilidade entre o construtivismo relacional de Deetz e a narrativa indígena.

Agora situamos a narrativa indígena americana em uma relação com o construtivismo relacional de Deetz. Demonstramos como a ênfase na relação, a inclusão do mundo externo nessas redes vivas de relações e o mesmo status do mundo natural em relação aos humanos, tudo culmina em uma materialidade ausente em muitas outras perspectivas. Essa materialidade é distinta em Deetz.

Até agora, nós somente sugerimos que a materialidade seja central na narrativa indígena americana. Em seguida, demonstraremos como a materialidade, junto com a estrutura começo-meio-fim, são as diferenças-chave entre a narrativa indígena dos índios americanos e as formas narrativas euro-ocidentais. As seções subsequentes se referirão à materialidade, à antenarrativa de Boje e aos métodos de história vivida como fundamentos para a narrativa *cross-cultural*.

Comparação da narrativa dos índios americanos com a narrativa euro-ocidental

As histórias dos índios americanos diferem das narrativas euro-ocidentais em diversas formas, e essas estão distribuídas em duas grandes categorias. Primeiro, consideramos as diferenças relacionadas à abstração da narrativa euro-ocidental que deixa de fora as condições materiais, em contraste à materialidade da narrativa indígena. Em seguida, consideramos o requerimento da estrutura começo-meio-fim para que algo seja chamado de "história" na tradição euro-ocidental.

Como ponto de esclarecimento, o que estamos chamando "narrativas euro-ocidentais" é denominado "histórias" por alguns líderes deste campo. Como posto no início deste capítulo, reservamos a palavra "história" para o termo mais amplo e abrangente. Utilizamos o termo "narrativa" para as histórias definidas como tais pela virtude de atender a padrões mais específicos.

Materialidade da narrativa indígena

Além de estar livre da estrutura BME, a narrativa indígena incorpora condições materiais. As histórias euro-ocidentais tendem a ser abstraídas das condições materiais. Revisamos na sequência o trabalho de acadêmicos americanos que afirmam ser a narrativa indígena uma questão de materialidade na sua oralidade, algo que Vizenor (1994; 1996; 1998; 1999) intitula de sobrevivência, e algo que Sarris (1993) imagina como formas que as pessoas empreendem narrativas materiais que preenchem uma "lacuna".

Sarris (1993) diz que a narrativa "pode funcionar para oprimir ou para libertar, para confundir ou para elucidar". A narrativa é para libertar e elucidar. Na maior parte dos trabalhos, as narrativas são simplesmente atos de *sensemaking* retrospectivos e de representação. É na história vivida que se busca conexão com o "agora", o que Bakhtin (1993) denomina de "eventos ocorridos com o Ser" ou "eventos do Ser"[1]. No entanto, também há aquele aspecto da narrativa, que chamamos de "antenarrativa" ou uma forma de moldar o futuro, por meio de uma "aposta" (ante) que é "anterior" (antes da) narrativa (BOJE, 2011).

Sarris (1993) descreve o que classificaríamos como antenarrativa em sua explicação do uso pedagógico da narrativa. Sarris pede a seus alunos para refletirem sobre o futuro de uma garota nativa em uma sala de aula de euro-brancos. A garota foi posta por sua professora "no canto com alguns giz de cera e bloco para colorir, enquanto os outros alunos trabalhavam nos computadores" (idem, p. 159). Quando o assistente da professora a questionou sobre esse ato, a professora respondeu: "Oh, ela não é muito interessada. Ela é do mato, você sabe. Ela nunca fala muito.

---

[1] Tradução livre para "Once-occurrent events of Being."

Ela é mais criativa" (ibid, p. 15). Sarris pergunta aos seus alunos, "O que acontecerá a essa garota?"

Esse é o momento que chamamos de "lacuna". Na narrativa coletiva que está encarnada na sala de aula de Sarris, cada aluno conta uma parte da antenarrativa daquela aluna sentada no canto, mas isso nasce das "experiências pessoais" dos próprios alunos de Sarris (1993, p. 160). Cada aluno está recontando uma história por meio da onda antenarrativa (como nós a chamamos) de um futuro projetado retornando ao problema de discriminação, como uma forma de "reflexão crítica e *insight*" (idem, p. 162). Há uma segunda onda, que viaja do futuro-como-tem-de-ser de volta para o "agora" da encarnação da história vivida na rede de relações, à medida que cada aluno diz o que irá acontecer depois, e depois, e depois.

E nesse preenchimento de "lacuna" há uma conversa que volta à narrativa daquela discriminação, àquela professora e a todo o seu estereótipo. "A narrativa tornou-se um meio para a investigação crítica, não somente sobre textos, mas simultaneamente sobre a relação dos alunos com esses textos" (SARRIS, 1993, p. 162).

Existem lacunas entre o plano da narrativa-retrospecção, as redes de história vivida das relações do "agora" e as antenarrativas que constroem uma potencialidade futura. Na sessão de narrativa coletiva realizada por Sarris, há um compartilhamento dialógico de contextos dos alunos, que são contrastados uns aos outros e com a narrativa daquela menina no canto, colorindo enquanto os outros estão trabalhando em computadores. Sarris (idem, p. 28, 30) está citando Bakhtin, o "diálogo interno" da reflexividade desses interlocutores nos contextos em que se encontram. A antenarrativa articula um campo de possibilidades futuras (MORSON, 1994).

"As transcrições da literatura oral dos índios americanos... às vezes não fornecem nada sobre o contexto no qual as literaturas foram ditas e gravadas ou a maneira pela qual elas foram traduzidas" (SARRIS, 1993, p. 38).

Neste capítulo estamos interessados nos contextos não somente da troca verbal (narrativa) expressa, mas da matéria-tempo-espaço negociada na materialidade em relações de troca. É isso que Karen Barad (2007) intitula de intrapenetração da materialidade e discurso, não como uma "interação" (que é o termo da física newtoniana), mas na intra-atividade do que chamamos de narrativa com a materialidade da matéria-tempo-espaço.

Na visão de mundo de muitos (se não de todos) índios americanos, a importância da localização é uma forma na qual a materialidade instila suas histórias vividas. Cordova (2007, p. 55) cita o trabalho de Gerardo Reichel-Dolmatoff sobre os Tukanos, cujas vidas na bacia amazônica estão indissociavelmente entrelaçadas com "a localização específica do grupo" e "baseada em um conhecimento íntimo e factual de seus ambientes" (idem, p. 55).

A versão narrativa muitas vezes omite a informação contextual, e muito do conteúdo da rede de história vivida das relações com atores humanos, atores animais e actantes (como Latour os chama) materiais. A ideia do exercício pedagógico da narrativa de Sarris (acima) é promover o "discurso crítico" e o "pensamento crítico" (ibid, p. 152). Isso é para conhecer a si mesmo como um participante ontológico, em não somente um processo histórico, mas também em uma forma antenarrativa de moldar o futuro (BOJE, 2011; ROSILE, 2011).

Quando o construcionismo social separa o pensamento da materialidade (matéria-tempo-espaço), somos deixados na lacuna. Cada um de nós molda o futuro por meio de nossa antenarrativa referente ao nosso desempenho na materialidade, como uma ação/fato em um evento do Ser e o ainda-tem-de-ser feito (BAKHTIN, 1993). E este Ser-Tornar-se no-momento é um *sensemaking* prospectivo por meio de uma antenarrativa espiral ou de um ajuntamento-rizomático que sai com uma materialidade quantum física (BARAD, 2003; 2007). Essa intra-atividade de discurso-materialidade é o que Barad (2007) chama de matéria-tempo-espaço, e ele nos permite "explorar criticamente a(s) dinâmica(s) intercultural(ais)" (SARRIS, 1993, p. 165) não apenas como um construcionista social, mas como uma ontologia crítica do Ser-Tornar-se, na materialidade do que Vizenor (1996; 1998; 1999) chama de transmovimento da narrativa, bem como a sobrevivência.

Pesquisadores de indígenas endereçam a "lacuna" e a falta de materialidade que ocorre quando as tradições orais indígenas são capturadas e montadas como uma borboleta em um quadro ilustrativo de alguma narrativa-abstrata. A vida e o movimento das redes de história vivida do "agora", muito da essência do processo de montar borboleta, são perdidos nesse processo de capturar e fixar e artificialmente representar numa narrativa o que significa ser uma borboleta.

Vizenor (1999), em *Manifest manners*, diz que "o mundo natural é uma veia de som e sombras, e o resultado da tradição oral não é o silêncio do discurso, dominação, e narrativas escritas" (idem, p. 72). A narrativa é, para Vizenor, "uma redução colonial de um som natural, histórias ouvidas, e a provocação das sombras na lembrança da tribo" (ibid, p. 72). Essa lembrança é silenciada na narrativa (por detrás das sombras), mas está nas redes de história vivida das relações (ao lado das sombras) e nas antenarrativas (à frente das sombras) (MORRISON, 1997).

A narrativa indígena é entrelaçada com a natureza e com as condições materiais de matéria-tempo-espaço. Quando tentamos capturar as experiências indígenas, essas narrativas de experiência tribal acabam se tornando "uma fraude direta ou uma autodecepção fictícia" (VIZENOR, 1999, p. 76). Existe uma lacuna na passagem entre a narrativa (*sensemaking* retrospectivo) e a rede de história vivida do mundo vivido do "agora". Essa lacuna é um silêncio mal representado na narrativa como uma mera simulação.

Lyotard é citado por Vizenor (1998, p. 68) por escrever sobre "as histórias que se conta, que se ouve, que são expressadas". O expressar-se das histórias vividas carrega o que Vizenor chama de "hermenêutica da sobrevivência" (idem, p. 68) que é um tanto quanto material, mas não no sentido fictício do construcionismo social. Vizenor escreve sobre o que nós chamamos de pós-modernidade crítica, citando não somente Bakhtin, mas usando a "différance" de Derrida (ibid, p. 70) na sua conexão com a diferença hermenêutica das histórias vividas pela representação narrativa. E é nesse momento que a respondibilidade ética de Bakhtin para a ação/fato entra em jogo.

Vizenor (1998), em *Fugitive poses*, traz à tona um conceito que é um tanto quanto material, "transmovimento" (idem, p. 168). Transmovimento ocorre no boato da experiência verdadeira, no exemplo dialógico que começamos a falar (acima) com Sarris. O transmovimento reconhece que "o mapa não é o território" (ibid, p. 170) e a narrativa é somente isso, um mapa.

No transmovimento há, na história vivida e na antenarrativa, um "sentido virtual de presença" de um processo de "apropriação e posse" (VIZENOR, 1998, p. 170). É o transmovimento das ausências narrativas em uma presença viva das histórias vividas da sobrevivência – os atos de incorporação –, a materialidade da narrativa no esculpir, pintar, tecer, dançar, e se expressar. O território torna-se não representado, como o "sentido da presença nativa na cartografia virtual" (idem, p. 174) é encarnado.

A *Survivance* de Vizenor (2008) é "a continuidade de histórias [vividas], não uma mera reação quando é pertinente" (idem, p. 1, colchetes nossos) e "histórias de sobrevivência são reencarnações de dominação... e o legado da vítima" (ibidem, p. 1). É uma vítima niilista nietzchiana que para Vizenor é uma traição cultural (VIZENOR, 2008, p. 4). "A resistência ativa e repúdio da dominação" e da "vítima" e do "niilismo" (idem, p. 11) é enfatizado por Vizenor.

Native liberty de Vizenor (2009) gira em torno da sobrevivência e da não sobrevivência. Este livro é mais deleuziano, com a desterritorialização, e com a reterritorialização dinâmica da sobrevivência, sendo presa pelas chamadas construções de narrativas de progresso (DELEUZE, 1994; DELEUZE; GUATARI, 1987).

Esses pesquisadores de indígenas americanos (Vizenor; Cajete; Sarris) procuram tornar visível a sombra do que falta no que a Czarniawska (2004) chama de *narrativas petrificadas*: a condição material da matéria-tempo--espaço. Nós, pesquisadores de narrativa, tentamos o mesmo movimento de nossos colegas que pesquisam os indígenas por meio da antenarrativa. Propomos que essa perspectiva permita desconstruir as narrativas antigas e, então, comunicar de forma antenarrativa, fazendo uma ponte com a lacuna da materialidade no-momento. Dessa forma, conseguimos cocriar novas histórias que nascem da "intra-atividade" (BARAD, 2007) de nossas culturas.

A liberdade da estrutura beginning-middle-end (BME)

Para acadêmicos renomados como Yiannis Gabriel (2008) e Barbara Czarniawska (2004), uma história deve ser construída com base em uma estrutura de começo-meio-fim (BME), com tramas ou problemas a serem resolvidos. Preferimos utilizar o nosso termo "narrativa euro-ocidental" como um rótulo mais específico quando consideramos uma visão mais ampla da narrativa *cross-cultural*. O BME é o que guia o *sensemaking* euro-ocidental. Em contraste, as relações são o foco do fazer-significado na narrativa indígena.

As narrativas euro-ocidentais BME caracterizam os humanos como os personagens focais nas suas narrativas. Em contraste, nas histórias indígenas, o humano não é necessariamente retratado como a ordem máxima do ser e nem o ponto focal da narrativa. A cultura indígena está repleta de histórias de coiotes, corvos e outros personagens principais não humanos. É a relação entre todos esses personagens que confere significado, e não a trama ou o problema a ser resolvido (com base na estrutura BME).

Os critérios da estrutura BME para definir uma narrativa como tendo começo, meio e fim fazem do tempo cronológico um determinante-chave da narrativa. Nessa lógica, assume-se que o tempo é estável, previsível e linear. O *sensemaking* indígena tem como foco o lugar, e não o tempo como um componente-chave das relações. O tempo indígena é visto como mais flexível e mais maleável. Não é aquela âncora sólida da cronologia em torno da qual orbitam as histórias narrativas euro-ocidentais.

As narrativas lineares cronológicas tratam o tempo como uma cavilha da roda do *sensemaking* das narrativas euro-ocidentais. De outro lado, a história indígena está ancorada mais em seu espaço que em seu tempo. Nesse espaço específico, como explicado por Basso (1996), o indivíduo consegue se comunicar com o passado, habitar com aqueles espíritos e eventos, e aprender sua sabedoria. Assim, os ancestrais indígenas falam com seus descendentes, não por meio do abismo do tempo, mas por meio do espaço onde eles habitam. Basso (1996) oferece diversos exemplos de como as histórias dos índios violam a sequência cronológica euro-ocidental. Isso faz com que as histórias dos índios americanos, contadas como lendas de moralidade, sejam quase que indecifráveis para os que são de fora da tribo.

Que outras formas de narrativa existem que não são narrativas petrificadas com estrutura BME? Boje (2008) oferece a "história vivida" como uma alternativa às narrativas rígidas com estrutura BME. A "história vivida" de Boje (2011) e sua abordagem "antenarrativa" para compreender e vivenciar a história vivida são compatíveis com a narrativa indígena, e são discutidas adiante.

A seguir, desenvolvemos um exemplo de práticas indígenas com base em uma perspectiva antenarrativa de conduzir o futuro em um contexto intercultural da colonização e estabelecimento europeu, e toda a sua desterritorialização e reterritorialização. Temos em mente uma sobrevivência, uma narrativa de materialidade de transmovimento que é uma superação da vítima e da dominação.

Exemplo de caso dos índios americanos: três condições materiais da narrativa

Enquanto o pós-modernismo tem sido suscetível ao perigo de romantizar o primitivo, o pós-modernismo crítico chama a atenção para o termo "primitivo". O pós-modernismo crítico posicionaria o moderno e o primitivo em um contexto mais amigável à análise pós-colonial, enquanto, ao mesmo tempo, ofereceria *insights* do colonialismo com base na compreensão das condições materiais das narrativas coloniais. A forma como essas dinâmicas têm acontecido na história dos índios americanos provê nosso caso em questão para a narrativa *cross-cultural* entre os índios americanos e os imigrantes americanos não indígenas.

A tendência das narrativas tradicionais euro-ocidentais (BOJE; ROSILE, 2008) de ignorar tempo-espaço como condições materiais reforçou a visão dos índios americanos como seres que vivem em uma terra de ninguém em uma cultura primitiva desvinculada do tempo. Essa versão de primitivismo era descontextualizada e romantizada, e, de certa forma, mais pura que os excessos percebidos das sociedades inglesas e europeias da época. Ao mesmo tempo, o primitivo foi denegrido como nu, ateu e selvagem (BORDEWICH, 1996). Essas tendências se combinam para produzir antenarrativas dos índios americanos que são estruturas de tipos históricos lineares, simples e de causa e efeito.

A análise antenarrativa da história dos índios americanos revela as limitações da forma linear da antenarrativa e como essas limitações afetam as histórias vividas do presente. Melhorar a comunicação *cross-cultural* requer histórias que incorporem a história de tempo-espaço, o contexto e as antenarrativas rizomáticas. As antenarrativas rizomáticas refletem a multiplicidade e a intertextualidade das redes de histórias. Ao reconhecer as antenarrativas não apenas lineares, mas também cíclicas, espirais e rizomáticas, abrimos as portas para a comunicação *cross-cultural*.

Nossas narrativas tradicionais dos índios americanos tanto da América do Norte quanto da América do Sul são: (1) a-históricas; (2) descontextualizadas; e (3) amplamente limitadas a formatos de história de causa e efeito lineares. Essas dinâmicas são sobrepostas e inter-relacionadas e reforçam uma a outra. Todos os três fatores contribuem para a ausência de condições materiais nas narrativas de índios americanos. Oferecemos, em vez disso, uma versão das antenarrativas dos índios americanos que inclui: (1) a matéria-tempo-espaço da história; (2) contextualização; e (3) estruturas rizomáticas de antenarrativas. Discutiremos cada um desses três pontos separadamente.

Matéria-tempo-espaço da história

Primeiro, muitas narrativas tradicionais retratam os índios americanos como a-históricos. Existe uma pressuposição implícita de que os povos indígenas eram primitivos e subdesenvolvidos. Em vez disso, mesmo na primeira década do século 21, os cientistas descobrem novas evidências de sociedades mais velhas e ainda mais desenvolvidas nas Américas do que previamente acreditava-se existir. O livro *1491: new revelations of the Americas before Columbus* de Mann (2005) é uma síntese divertida sobre achados mais recentes e também uma especulação sobre o motivo de tantas histórias indígenas terem permanecido escondidas por tanto tempo.

Um estudo-chave mais antigo foi, de forma paradoxal, tanto um caso fundamental bastante citado como também uma tremenda barreira para o progresso dos estudos da história indígena. No começo da década de 1940, um jovem destemido estudante de doutorado fez um estudo etnográfico exemplar em uma pequena tribo na Bolívia que se tornou um marco e consolidou a carreira do jovem Holmberg, na Universidade de Cornell (MANN, 2005). Contudo, o estudo continha uma falha fatal.

O "Erro de Holmberg" é como Mann (2005) chama a visão de que os índios americanos estavam, de certa forma, congelados no tempo e não possuíam evolução histórica. Uma vez que os pesquisadores da época adotaram essa crença, foi difícil para as pesquisas subsequentes refutarem essa tese. A reconsideração desse "fato" aceito só aconteceu quando outro estudante de doutorado voando por áreas do Brasil e da Bolívia em 1961 (MANN, 2005, p. 11) observou regiões enormes com os padrões geométricos da agricultura antiga em regiões que eram consideradas mata selvagem e virgem.

Desde a década de 1960, estudos mostraram uma cultura de até 1 milhão de pessoas que chegou ao seu auge mil anos atrás, deixando esses padrões perdidos como traços extremamente interessantes de uma cultura pré-colombiana (MANN, apud ERIKSON, 2005, p. 1-13). Essas novas descobertas se opõem à tese do "nobre selvagem". Esse estereótipo nobre pode ser de uma etnografia de um conquistador espanhol reformado datada de meados de 1500 (ibid, p. 14).

Contrastando com a imagem popular dos índios americanos como caçadores nômades, como no filme *Dança com lobos*, muitas dessas antigas culturas eram agrárias. Como na Europa, as sociedades agrárias demonstravam florescimento nos campos da arte e da cultura por terem uma localização física mais permanente. Recentemente, 2002 e 2003, remanescentes de trabalhos de terraplanagem de culturas antigas ainda estavam sendo descobertos no Brasil (ibid, p. 28-29).

Mann (2005) reconhece que Holmberg não poderia ser totalmente culpado por sua interpretação errônea que desorientou pesquisadores por décadas. A tribo que Holmberg estudou estava, na verdade:

> entre os povos mais culturalmente miseráveis da terra. Mas isso não era porque eles eram resquícios imutáveis do passado da humanidade, mas porque a catapora e o vírus da gripe devastaram suas vilas na década de 1920. Antes das epidemias, pelo menos três mil sirionos, e provavelmente muito mais, moravam no leste da Bolívia. Na época de Holmberg, restaram menos de 150 – uma perda de mais de 95% em menos de uma geração (MANN, 2005, p. 10).

E mais,

> o grupo estava brigando com os fazendeiros de gado branco... O exército boliviano cuidou da incursão... (Holmberg) nunca apreendeu completamente que as pessoas que ele viu como remanescentes da Era Paleolítica eram na verdade os sobreviventes perseguidos de uma

cultura recentemente fragmentada. Era como se ele tivesse encontrado refugiados de um campo de concentração nazista e concluído que eles sempre tiveram os pés descalços e eram mortos de fome (ibid).

O fascinante livro de Mann (2005) mostra como descobertas recentes de vida nas Américas antes de Colombo devem mudar uma enorme gama de pressuposições sobre a vida e a cultura dos índios americanos. Ele faz conexões entre novas evidências de catapora e hepatite, que apenas foram possíveis por conta de tecnologias modernas como a datação por carbono. Ele conclui com uma história atual das Américas:

> na visão corrente, um lugar diverso, próspero e maravilhoso, um tumulto de línguas, troca, e cultura... de dezenas de milhões de pessoas... eliminadas pela doença e pela subjugação. Esse apagamento foi tão completo que em poucas gerações nem os conquistadores nem conquistados sabiam que esse mundo um dia existiu (ibid, p. 29-30).

Mann (2005) reúne novas linhas importantes de investigação dos indígenas para reparar aos índios americanos a história que é deles. Sob uma perspectiva pós-moderna crítica, essa história constitui a condição material de matéria-tempo-espaço, essencial para a história vivida dos povos indígenas. Somente com esse entendimento de materialidade do passado podemos elaborar uma antenarrativa, e, desta forma, moldar o futuro que inclui condições materiais e não meras fantasias projetadas da vida indígena.

Contexto

Agora que reparamos o tempo e a história da nossa história, podemos nos concentrar no segundo elemento das condições materiais: o contexto. O contexto é claramente demonstrado na seguinte história: uma turista na Flórida estava admirando um colar usado por uma índia local. "Do que ele é feito?" ela perguntou. "De dentes de jacaré", a índia respondeu. "Eu acredito", disse ela, aparentemente sem perceber seu tom condescendente, "que eles significam para você tão quanto as pérolas significam para nós." "Ah, não", a índia se opôs. "Qualquer um pode abrir uma ostra."

O novo conhecimento sobre o contexto daqueles antigos encontros entre os índios americanos e os ingleses e europeus fornecem *insights* frescos e muitas vezes inquietantes sobre as histórias que a maioria de nós cresceu lendo nos nossos livros escolares (BRAUN, 2008; BORDEWICH, 1996; MANN, 2005; ORDAHL KUPPERMAN, 2000; SMITH, 2009). Os "índios", erroneamente denominados, não eram apenas simples e ingênuos primitivos que venderam a ilha de Manhattan por alguns badulaques. Em vez disso, Ordahl Kupperman (2000) e outros autores veem esses contatos iniciais como encontros perigosos e sedutores nos quais cada lado tinha motivações políticas próprias que, normalmente, eram escondidas do outro.

Ordahl Kupperman (2000) relata que os exploradores ingleses procuravam riquezas no Novo Mundo para pagar seus investidores de mercadorias e para aumentar suas riquezas e seus status pessoais nas rígidas sociedades da época. Eles procuravam a pilhagem estocada dos espanhóis e, não obtendo sucesso, procuravam os recursos abundantes como peles e tabaco. Por outro lado, os índios americanos viam os ingleses como provedores de vantagem nas suas próprias redes de troca. As tribos que estavam próximas aos colonizadores ingleses podiam controlar o acesso às facas inglesas e a itens de valor semelhantes, dando-lhes uma margem econômica como provedores únicos de mercadorias raras e caras ao negociar com tribos rivais.

Não eram os mosquetes ingleses que indicavam o equilíbrio do poder nesses precavidos encontros iniciais. Em vez disso, eram os sistemas de imunidade dos povos indígenas que provavelmente eram a falha fatal, fazendo com que os índios ficassem sem defesa contra a catapora e a hepatite dos europeus. Ordahl Kupperman (2000) relata que a colonização de Plymouth foi construída literalmente sobre lares de grupos tribais preexistentes. Mais de 90% dessas populações foram apagadas em um período de três anos em decorrência das novas doenças trazidas pelos invasores.

O primeiro Dia de Ação de Graças foi na verdade instigado quando os ingleses encontraram os estoques de alimentos dos índios para o inverno. Podemos imaginar balanças equilibradas igualmente para os massacres ou para um banquete. Presos às suas graças ilícitas, os recém-chegados decidiram compartilhar a comida.

Os índios americanos viam os ingleses como tendo um pouco mais de habilidades de sobrevivência que uma criança, pois não sabiam plantar, colher ou estocar comida. Ajudar um grupo tão pobre em conhecimentos ensinando métodos e até compartilhando comida, provavelmente não parecia algo muito perigoso a fazer. Afinal de contas, aquelas bolas de mosquetes faziam um barulho estrondoso, mas não viajavam mais longe que uma flecha bem lançada. E a maioria dos colonizadores era péssima em atirar flechas. Que prejuízo poderia surgir de ajudar essas criaturas patéticas que tropeçavam em péssimo estado – doentes, fracos – naquelas grandes canoas, a não passarem fome? E algumas de suas mercadorias, especialmente as facas, poderiam ser bastante úteis (MANN, 2005, p. 64).

Em alguns poucos anos, os colonizadores se fortaleceram e tornaram-se mais aclimatados, enquanto os índios americanos estavam sendo dizimados pelas doenças. Ambos os lados perceberam esse desenvolvimento como a mão de Deus no trabalho (MANN, 2005, p. 60-61). Ambos os lados viram o potencial para alianças políticas: as tribos alistavam os colonizadores para ajudá-los a lutar contra as tribos rivais. Nenhum dos lados queria mais inimigos, então as alianças pareciam ser um movimento prudente. Decepções e intrigas levavam a traições.

Essa dinâmica continuou à medida que os campos de batalha se deslocavam para o oeste. Um aspecto geralmente negligenciado pelo último Estande de Custer é que isso não era puramente o homem branco contra o índio. Existia o Corvo na batalha, que agia como um escoteiro para o exército e lutava com Custer contra suas tribos inimigas sioux, quem eles acreditavam que tinham invadido as terras do Corvo (BORDEWICH, 1996).

Sabemos o enredo e sabemos o final da história: os índios americanos se opuseram à tomada de terras pelos ingleses e europeus e foram derrotados. Estamos menos familiarizados com os detalhes contextuais: literalmente dizimados por diversas ondas de doenças durante muitos anos, algumas tribos tornaram-se vulneráveis a tribos inimigas, levando a duelos políticos que, posteriormente, as enfraqueceram. A combinação de doença e duelo deu aos colonizadores a vantagem necessária para empurrar as tribos o mais oeste possível e afirmar mais ainda a América como sua propriedade e de seus patrocinadores políticos e financeiros do outro lado do oceano. Esse padrão aconteceu repetidamente tanto na América do Norte, quanto na América do Sul.

Esses detalhes contextuais podem parecer irrelevantes ou até mesmo invisíveis às mentes euro-ocidentais. Na verdade, tal informação é extremamente importante para a compreensão *cross-cultural*. Como demonstrado na lenda cômica da comparação da mulher de um colar de pérolas com o colar de dentes de jacaré indígena, um pequeno detalhe contextual pode fazer toda a diferença. O que é a nova antenarrativa que surge de todo esse conhecimento sobre os indígenas americanos? Como nossa índia hipotética falou, qualquer um pode abrir uma ostra.

Em resumo, as narrativas euro-ocidentais tradicionais (BOJE; ROSILE, 2008) tendem a ignorar tanto as condições materiais como o contexto, como discutido. Tempo-espaço é uma condição material negligenciada nas narrativas euro-ocidentais dos índios americanos. Esse descuido do tempo-espaço criou uma imagem dos índios americanos como nativos de uma terra de ninguém de uma cultura primitiva desvinculada do tempo. Olhando apenas por essas lentes distorcidas, os índios americanos pareciam imutáveis, sem história ou desenvolvimento, congelados no tempo como selvagens, gentios, e primitivos.

Essa versão de primitividade também não continha contexto. Descontextualizadas e romantizadas, as culturas indígenas eram vistas de certa forma como mais puras que os excessos percebidos das sociedades inglesas e europeias da época. Ao mesmo tempo, o primitivo era tachado de nu, ateu e selvagem (BORDEWICH, 1996). Essas tendências em direção à a-historicidade e ao primitivismo combinaram para produzir antenarratiïvas de índios americanos que são estruturas de tipos de histórias lineares, simples e de causa e efeito.

Argumentamos que outras formas de história (não euro-ocidentais), quando aplicadas aos índios americanos, produziriam diferentes histórias e formas de história distintas. Vemos que diferentes formas de antenarrativas (padrões ocorrendo antes-da-história) podem ser mais apropriadas ao "ôntico" (ser) dos índios americanos.

Em seguida, tratamos da antenarrativa. A análise antenarrativa da história dos índios americanos revela as limitações da forma linear da antenarrativa, e como essas limitações afetam as histórias vividas do presente. Melhorar a comunicação *cross-cultural* requer histórias que incorporem a história tempo-espaço, o contexto, e para isso sugerimos a forma rizomática das antenarrativas. As antenarrativas rizomáticas refletem a multiplicidade e a intertextualidade das redes de histórias. Ao reconhecer não somente as antenarrativas lineares, mas também as cíclicas, espirais e rizomáticas, abrimos as portas para a comunicação *cross-cultural*.

Antenarrativa e o rizomático das redes de histórias

A antenarrativa é o processo pelo qual o "ser" da história vivida é representado na cultura. A antenarrativa é o processo pelo qual o "ser" torna-se uma pintura que pretende representar o que-é. Aclarado, no momento em que o "ser" é representado, se torna o "o que-era". Alguns descrevem essa diferença entre o que-era e o que-é como a diferença entre o mapa e o território.

A antenarrativa é futura, orientada para o futuro. Existem quatro tipos de antenarrativas: linear, cíclica, espiral e de ajuntamento. As antenarrativas lineares e cíclicas projetam de uma experiência narrativa do passado (*sensemaking*) uma recorrência no futuro. As antenarrativas espirais e de ajuntamento, ao contrário, são mais ontológicas, mais sobre a constituição do significado de Estar-no-mundo em movimentos que estão girando no momento.

Com métodos de narrativa antenarrativa, procuramos o nível de vivência do mundo antes de essas experiências terem sido "empacotadas" como narrativas retrospectivas.

As redes rizomáticas são uma forma de antenarrativa que incorpora antenarrativas lineares, cíclicas e espirais (BOJE, 2011). Se aplicamos cada um desses tipos de antenarrativas aos povos indígenas das Américas, ganhamos novos *insights* sobre as suas histórias. Em seguida, examinamos cada uma das três formas de antenarrativa (linear, cíclica, e espiral) que estão todas presentes na rede complexa da forma rizomática.

Primeiramente, consideramos os enredos das antenarrativas lineares. Vemos agora as limitações das narrativas lineares simplificadas: uma cultura desenvolvida, superior, invade uma sociedade primitiva e rouba, derrota e escraviza os primitivos para o próprio bem deles. Na época dos colonizadores, quando as colonizações antigas desapareciam antes de o próximo navio chegar da Inglaterra, essa antenarrativa não era tão evidente como aparenta ser em retrospectiva.

As antenarrativas cíclicas dirigem a atenção aos aspectos recorrentes do enredo. Por exemplo, tendemos a adotar as antenarrativas cíclicas quando narramos o desdobrar de culturas do primitivo para o desenvolvido, para o degenerativo e, então, para o destruído, como o Império Romano. As histórias antigas das culturas asteca e inca geralmente tomavam a forma cíclica, apesar das questões não respondidas sobre a queda e o fim de diversas culturas como essas.

A espiral tem um elemento de autorreforço que amplifica cada laço. Nossas histórias de desenvolvimento do conhecimento e da ciência são antenarrativas espirais: pesquisa e descobertas levam a estoques de conhecimento cada vez maiores e aceleram as taxas de desenvolvimento de tecnologias, sem um fim à vista. Espirais também podem ser para baixo, uma dinâmica que muitos veem na degeneração moral das sociedades.

Histórias de desenvolvimento de impérios geralmente cabem na forma espiral, na qual a conquista de uma área leva a um poder maior e, em seguida, a conquistas maiores em uma espiral para cima. Atualmente, as pessoas questionam se nosso próprio mundo ocidental desenvolvido é uma sociedade que alcançou o topo de sua espiral para cima, e pode agora estar vivenciando um declínio cíclico de fome, pobreza, desastres naturais, aquecimento global e outros términos apocalípticos. Histórias de culturas também podem aparecer como espirais para cima do desenvolvimento que alcançou um topo e são seguidas por espirais para baixo da destruição. Além da questão para cima e para baixo, as espirais também podem se movimentar para dentro e para fora (BOJE, 2011).

As cíclicas são sistemas fechados relativamente simples quando comparadas às espirais mais abertas e complexas. Ainda mais abertos e complexos são os rizomas. Os rizomas podem se expandir, e suas ramificações eventualmente voltam a entrelaçar-se de novas formas. A ideia de que os índios americanos eram descendentes das tribos perdidas de Israel é uma antenarrativa rizomática.

As condições materiais que estão incorporadas na matéria-tempo-espaço da história, no contexto e nas ramificações rizomáticas das redes de histórias – essas condições estão perdidas na narrativa linear descontextualizada e a-histórica da conquista. Como os membros de qualquer um dos grupos, conquistadores ou conquistados, podem se comunicar por esse tipo de lacuna cultural? Se tal comunicação era possível, seria melhorada primeiramente posicionando o "eu" em uma consciência autoetnográfica do "eu" e o outro nas redes rizomáticas das múltiplas histórias e fragmentos das antenarrativas nas quais todos nós estamos imersos.

Para Cordova (2007), um primeiro passo necessário é compreender o contexto cultural dos índios americanos. Procedimentos operacionais padrões da filosofia e ciência europeias (WILDCAT; DELORIA, 2001; CORDOVA, 2007; CAJETE, 2000) estão concentrados em procurar os elementos comuns por meio dos quais serão feitas as generalizações, e interpretar os artefatos de uma cultura indígena em termos de suas similaridades com os conceitos europeus. Em vez de tentar encontrar um espelho de nossa própria cultura europeia nas culturas indígenas, a forma indígena de conhecer procura o conhecimento no contraste e na diferença (CORDOVA, 2007, p. 56). Partindo dessa posição, pode-se começar a apreciar o contexto cultural dos povos indígenas. Ao nos inserir nesse contexto, podemos, então, tentar nos comunicar entre essas redes rizomáticas de cultura em forma de história.

Cordova, como um PhD em filosofia tradicional de estilo europeu, diz que os europeus têm estudado "conceitos de importância aos *europeus*" que são "aqueles relacionados a ideias religiosas: *alma, bom e mau, Deus, pecado,* e o pós-vida" (idem, p. 3) (itálico por Cordova). Ela diz que a maioria desses termos não existe nas línguas dos índios americanos. Com esse e outros exemplos, Cordova enfatiza que não podemos querer entender as culturas indígenas sem entender os contextos e as estruturas de suas linguagens (não necessariamente as linguagens em si). São os termos que não têm traduções, tais como "deus", que geram evidências das diferenças contrastantes nas culturas, e, por isso, nos fornecem mais informações sobre outra cultura.

Um dos contrastes mais profundos entre as culturas dos índios americanos e as culturas europeias é a visão estática *versus* a visão dinâmica, refletidas na linguagem. Cordova (2007, p. 100) cita a análise de Whorf da visão de mundo dos europeus ocidentais "retratada por meio de uma linguagem dependente de substantivos estáticos. É um mundo de causa e efeito". Essa linguagem estática se empresta a antenarrativas lineares de causa e efeito, e de histórias "mortas", no formato petrificado começo-meio-fim. Em contraste, "os hopis descrevem um mundo dinâmico de movimento não causal e contínuo. Para retratar esse mundo, os hopis desenvolveram uma linguagem amplamente dominada por verbos. Outras linguagens de índios americanos também são dominadas por verbos" (CORDOVA, 2007, p. 100, apud WHORF). Portanto, as linguagens indígenas se emprestam aos formatos de "história vivida" identificados por diversos pesquisadores de narrativa (BOJE, 2008; TYLER, 2011; ROSILE; BOJE, 2007; entre outros).

Conclusão

Por que a narrativa é relevante para a cultura? A comunicação *cross--cultural* encara as dificuldades de tradução. A narrativa parece ser menos suscetível ao viés cultural, parece ser uma linguagem mais universal. Essa aparência é ilusória. Em nossa perspectiva, baseada no trabalho de narrativa de Boje, existem muitas formas diferentes de narrativa. Assim, as narrativas euro-ocidentais diferem significativamente das narrativas indígenas (BOJE; ROSILE, 2002; 2003, e outros). Essas diferenças são dificilmente reconhecidas na literatura de narrativas. Nossa contribuição é no sentido de reconhecer essas diferenças e oferecer métodos de antenarrativas como meio de narrativa que pode reconhecer essas diferenças e, assim, promover o entendimento *cross-cultural*.

A narrativa é a "moeda" do *sensemaking* (BOJE, 1996). A antenarrativa nos leva ao nível de experiência antes do *sensemaking* cognitivo (epistêmico), e antes daquilo que é medido (ôntica, empírica e objetivamente no-presente). Podemos ir mais a fundo nessa forma de investigação ontológica do que podíamos com as narrativas culturais retrospectivas. Conseguimos chegar no "ante", o antes-da-narrativa.

Livres das dificuldades da narrativa-epistêmica, podemos, então, nos engajar nas redes ônticas de história vivida no-presente. Podemos conece tar esses dois diferentes mundos ontológicos e futuros, e podemos cocriar uma narrativa compartilhada que cruza as fronteiras: epistêmica-ôntica, epistêmica-ontológica, ôntica-ontológica etc. Em vez de comunicação *cross-cultural*, isso poderá ser chamado de narrativa pré-cultural que é epistêmico-ôntico-ontológica em todas as suas permutações.

Na prática, nas culturas euro-ocidentais podemos aprender formas de narrativa e *sensemaking* que vão além das narrativas rígidas de começo-meio-fim. Podemos libertar nossas histórias da linearidade e da forma cíclica para possibilidades mais dinâmicas e abrangentes de ajuntamentos espirais e rizomáticos. Podemos incorporar as condições materiais de tempo-espaço. Podemos buscar o contexto e lembrar a história. Podemos permitir que o tempo seja flexível em vez de com base em uma cronologia rígida. Conectar-nos a lugares como a raiz e o florescimento de nossas histórias. E ouvir e honrar as vozes dos ancestrais nas terras de hoje.

Concluímos que não é tão importante descobrir "a" história dos índios americanos para melhor compreender e comunicar. Em vez disso, precisamos voltar antes da história, para o espaço de vida de histórias sem-nascimento, em Ser-Tornar-se. A partir desse lugar do "agora", podemos evitar a armadilha de nos limitarmos a apenas estruturas de antenarrativas lineares/cíclicas. Deste lugar, podemos evitar o modo imperialista de impor formas de narrativas fossilizadas. Deste lugar, podemos abrir nosso futuro por meio de estruturas de antenarrativas espirais e de antenarrativas rizomáticas e de ajuntamento de nossas histórias vividas recentemente cocriadas e liberais que ainda acontecerão.

Referências

BAKHTIN, M. M. *The Dialogic Imagination*: four essays. Austin, TX: University of Texas Press, 1981. Editado por Michael Holquist e traduzido do por Caryl Emerson e Michael Holquist.

_____. *Art and Answerability*. Austin, TX: University of Texas Press, 1990. Editado por Michael Holquist e Vadim Liapunov. Tradução e notas de Vadim Liapunov; e suplemento traduzido por Kenneth Brostrom.

_____. *Toward a Philosophy of the Act*. Austin, TX: University of Texas Press, 1993. Editado por Michael Holquist e Vadim Liapunov. Tradução e notas de Vadim Liapunov.

BARAD, K. Posthumanist performativity: toward an understanding of how matter comes to matter. *Journal of Women in Culture and Society*, v. 28, n. 3, p. 801-831, 2003.

_____. *Meeting the Universe Halfway*: quantum physics and the entanglement of matter and meaning. Durham/London: Duke University Press, 2007.

BASSO, K. H. *Wisdom Sits in Places*. Albuquerque: University of New Mexico Press, 1996.

BOJE, D. M. Management education as a panoptic cage. In: FRENCH, R.; GREAY, C. (eds.). *Rethinking Management Education*. London: Sage, 1996. p. 172-95.

_____. *Narrative Methods for Organizational & Communications Research*. Londres: Sage, 2001.

_____. *Storytelling Organizations*. Londres: Sage, 2008.

_____. *Storytelling the Future of Organizations*: an antenarrative handbook. NY/Londres: Routledge, 2011.

BOJE, D. M.; ROSELI, G. A. Enron whodunit? *Ephemera*, v. 2, n. 4, p. 315-27, 2002.

_____; _____. Life Imitates Art Enron's Epic and Tragic Narration. *Management Communication Quarterly*, v. 17, n. 1, p. 85-125, 2003.

_____; _____. Specters of Wal-Mart: a critical discourse analysis of stories of Sam Walton's ghost. *Critical discourse studies*, v. 5, n. 2, p. 153-179, 2008.

_____;_____. Storytelling. In: MILLS, A. J.; DUREPOS, G.; WIEBE, E. (eds.). *Encyclopedia of Case Study Research*. CA: Sage, 2008.

BOARDMAN, C. *Personal interviews*: Novo México, 2010. Entrevista cedida a Grace Ann Rosile.

BORDEWICH, F. M. *Killing the White Man's Indian*: reinventing native americans at the end of the twentieth century. Nova York: Anchor Books/ Random House, 1996.

BRAUN, S. F. *Buffalo, Inc*: american indians and economic development. Norman: University of Oklahoma Press, 2008.

CAJETE, G. *Native Science*: natural laws of interdependent. Santa Fé, NM: Clear Light Publishers, 2000.

CORDOVA, V. F. *How it is*: the native american philosophy of V. F. Cordova. University of Arizona Press, 2007.

CZARNIAWSKA, B. *Narratives in social science research*. Londres: Sage, 2004.

DEETZ, S. Ensaio. In: MARCHIORI, M. *Perspectivas metateóricas da cultura e da comunicação*. São Caetano do Sul: Difusão, 2013.

DELEUZE, G. *Difference and Repetition*. Nova York: Columbia University Press, 1994. Traduzido do francês por Paul Patton em 1968. Difference et Repetition (Presses Universitaires de France).

DELEUZE, G.; GUATTARI, F. *A thousand plateaus*: capitalism and schizophrenia. Minneapolis: University of Minneapolis Press, 1987. Traduzido por Brian Massumi.

FOUCAULT, M. *Archaeology of knowledge*. Nova York: Pantheo, 1972.

GABRIEL, Y. Organizational miasma, purification and cleansing. In: AHLERS-NIEMANN A. et al. (eds.). *Socioanalytic thoughts and interventions on the normal madness inorganizations*. Bergisch Gladbach: Andreas Kohlhage, 2008. p. 53-73.

GERGEN, K. *An Invitation to Social Construction*. Índia: Sage, 1999.

HEIDEGGER, M. *Being and Time*. Nova York: Harper Row, 1962. Traduzido por John Macquarrie e Edward Robinson.

LATOUR, B. *Pandora's hope*: essays on the reality of science studies. Cambridge Mass: Harvard University Press, 1999.

_____. *Reassembling the Social*: an Introduction to Actor-Network-Theory. Oxford/NY: Oxford University Press, 2005.

MANN, C. C. *1491: new revelations of the Americas before Columbus*. Nova York: Vintage Books/Random House, 2005.

MORSON, G. S. *Narrative and Freedom*: the Shadows of Time. New Haven/Londres: Yale University Press, 1994.

MORRISON, T. apud NUTTING, E. L. Remembering the Disremembered: Toni Morrison as Benjamin's Storyteller, 1997. Disponível em: <http://www.temple.edu/gradmag/volume1/nutting.htm>. Acesso em: 27 nov. 2013.

ORDAHL KUPPERMAN, K. *Indians and English*. Ithaca/Londres: Cornell University Press, 2000.

ROSILE, G. A. The Antenarrative of Ethics and the Ethics of Antenarratives. In: BOJE, D. M. (org.). *Storytelling and the Future of Organizations*: an antenarrative handbook. Londres: Routledge, 2011. p. 87-100.

ROSILE, G. A.; BOJE, D. M. Telling Indigenous Entrepreneurship Success Stories to Develop Wisdom. In: *Fostering Indigenous Business and Entrepreneurship in the America's (FIBEA) Conference*, Acoma, Novo Mexico, 2007.

SARRIS, G. *Keeping Slug Woman Alive*: a holistic approach to American Indian Texts. Berkeley: University of California Press, 1993.

SERRES, M. *Hermes*: literature, science, philosophy. Baltimore, MD: The John Hopkins University Press, 1983.

_____. *Angels*: a modern myth. Paris: Flammarion, 1993/1995. Tradução Cowper, F.

SERRES, M.; LATOUR, B. *Conversations on Science, Culture, and Time*. Ann Arbor, MI: University of Michigan Press, 1990/1995. Tradução Lapidus, R.

SMITH, P. C. *Everything You Know about Indians is Wrong*. Minneapolis/Londres: University of Minnesota Press, 2009.

TYLER, J. Living story and antenarrative in organizational accidents. In: BOJE, D. M. (ed.) *Storytelling and the Future of Organizations*: an antenarrative handbook. NY/Londres: Routledge, 2011. p. 137-147.

VIZENOR, G. The ruins of representations: shadow survivance and the literature of dominance. In: ALFRED, A. (ed.). *Another Tongue*: nation and ethnicity in the linguistic borderlands. Durham, NC: Duke University Press, 1994. p. 139-67.

_____. The origins of essentialism and pluralism in descriptive tribal names. In: SIEMERLING, W.; SCHWENK. K. (eds.). *Pluralism and the Limits of Authenticity in North American Literatures*. Iowa City: University of Iowa Press, 1996. p. 29-39

_____. *Fugitive Poses*: native American Indian Scenes of Absence and Presence. Lincoln: University of Nebraska Press, 1998.

_____. *Manifest Manners*: narratives on postindian survivance. Lincoln: University of Nebraska Press, 1999.

_____. *Manifest Manners*: postindian warriors of survivance. Hanover, NH: Weseleyan, 1994.

_____. *Survivance*: narratives of native presence. Lincoln: University of Nebraska Press, 2008.

_____. *Native liberty*: natural reason and cultural survivance. Lincoln: University of Nebraska Press, 2009.

WILDCAT, D.; DELORIA, V. *Power and Place*: Indian Education in America. Fulcrum Publishing, 2001.

WILMOTH, S. *Background for Teachers*: some words on reciprocity. Montana State Historic Preservation Office. Disponível em: <http://mhs.mt.gov/education/IEFALessonPlanTradeBarter.pdf>. Acesso em: 25 nov. 2013.

WHORF, B. L. "Science and linguistics". *Technology Review*, v. 42, p. 227-31, p. 247-8. Reprinted in Language, thought, and reality: selected writings of Benjamin Lee Whorf, editado por J. B. Carroll, p. 207-19. Cambridge, MA: The Technology Press of MIT/Nova York: Wiley, 1956.

CONSTRUINDO A VOTORANTIM EM QUE ACREDITAMOS: A FORMAÇÃO DA IDENTIDADE VOTORANTIM, COM SEUS VALORES E SUAS CRENÇAS DE GESTÃO

Gilberto Lara Nogueira
Malu Weber

O Grupo Votorantim tem em sua essência os Valores solidez, ética, respeito, empreendedorismo e união. Além disso, transmite quais são os comportamentos desejados e os não desejados que espera de seus funcionários, de forma clara e direta por meio de suas Crenças de Gestão. Ao longo de seus 95 anos de história, o Grupo Votorantim, um dos maiores conglomerados empresariais brasileiros, vem construindo sua cultura, internamente batizada de Identidade Votorantim. Essa "Identidade" é composta basicamente pelos Valores e pelas Crenças de Gestão do Grupo e foi explicitada como resultado da expansão da companhia, refletindo a evolução de sua governança corporativa e de sua própria história.

Grupo Votorantim

Empresa 100% brasileira e de capital fechado, o Grupo Votorantim atua em setores de base da economia que demandam capital intensivo e alta escala de produção, como cimento, mineração, metalurgia, siderurgia, celulose, suco concentrado de laranja e autogeração de energia. No mercado financeiro, marca presença por intermédio do Banco Votorantim.

Em seus 95 anos de história, a Votorantim expandiu sua atuação e está presente em mais de 20 países, reunindo mais de 40 mil funcionários em seus negócios industriais.

Em 2005, foi eleita a melhor empresa familiar do mundo pela IMD Business School, um dos líderes mundiais no desenvolvimento de executivos, em parceria com o banco suíço Lombard Odier Darier Hentsch – empresa familiar com mais de 200 anos, que está em sua sétima geração.

A Votorantim Participações, holding do Grupo, é classificada como Grau de Investimento pelas três maiores agências de classificação de risco reconhecidas no mundo: Standard & Poor's (BBB), Moody's (Baa3) e Fitch Ratings (BBB-). Esse reconhecimento, reafirmado pelas agências em março de 2012, é fruto da liderança nos mercados em que atua, do modelo de gestão, da transparência e de sua governança.

Um grupo único

No passado, os valores que orientaram as práticas de negócios da Votorantim foram disseminados na organização pelos próprios membros da família controladora e seus auxiliares diretos. Com o passar do tempo, isso se tornou inviável. Não somente porque a Votorantim cresceu e se internacionalizou como porque os acionistas se retiraram do dia a dia das operações, passando, desde 2001, a atuar no Conselho de Administração da *holding*. Percebeu-se que era importante dar continuidade a essa história para assegurar a perenidade da empresa e de sua cultura, para as próximas gerações. A estratégia de crescimento do Grupo estava configurada com movimentos de fusões e aquisições – o que torna ainda mais importante a clareza de sua cultura.

A necessidade de estruturação da identidade de Grupo veio, portanto, junto da evolução da governança corporativa, com o objetivo claro, por parte do acionista, de criar sinergia e unidade no jeito de ser da empresa. Tal necessidade também foi explicitada na própria pesquisa de clima organizacional, aplicada em todas as unidades industriais do Grupo, em 2003. Entre os pontos de melhoria indicados e para os quais era esperada uma resposta da empresa, o estudo sugeria que os funcionários sentiam necessidade de definição e de explicitação da essência da companhia.

Entre as iniciativas aplicadas para sustentar a nova governança e manter a cultura da organização, está o Projeto Identidade Votorantim – a expressão do DNA da empresa.

Após abrangente pesquisa com funcionários de todos os níveis hierárquicos, reuniões de comitês específicos e participação ativa dos presidentes e acionistas do Grupo, se chegou a cinco Valores que melhor traduzem o DNA da organização (criados também com base nos Valores da família Ermírio de Moraes): Solidez, Ética, Respeito, Empreendedorismo e União – originando o acrônimo SEREU.

Além da divulgação dos Valores, o desafio era disseminar no mesmo momento outros elementos importantes do DNA da organização: Visão, Aspiração bem como o Código de Conduta da companhia, envolvendo os mais de 30 mil funcionários na época.

O início da disseminação

Sob a coordenação da Diretoria Corporativa de Desenvolvimento Humano e Organizacional (DHO), o planejamento do projeto tinha como principais objetivos idealizar, estruturar e disseminar a Identidade Votorantim, garantindo que o público interno compreendesse realmente o significado de cada um dos valores e o impacto que estes causariam no dia a dia da organização.

A estratégia escolhida foi a de comprometer as lideranças no processo, dando condições para que assumissem o projeto e fossem os multiplicadores, tanto do discurso quanto da prática. Para tanto, com o apoio do DHO, receberam treinamento e apoio material como o Roteiro do Gestor, com orientações, cronograma, atividades, dicas sobre como se preparar e trabalhar no "Dia V" – nome dado ao dia 29 de junho de 2005, em que todas as unidades do Grupo divulgaram os Valores Votorantim, com uniformidade nas mensagens transmitidas.

Uma série de materiais de comunicação foi desenvolvida e utilizada a partir do "Dia V". O ponto alto da iniciativa foi o comprometimento do Conselho de Administração, em especial de seu presidente à época, o acionista Carlos Ermírio de Moraes, que gravou uma mensagem em vídeo reforçando o seu comprometimento e a importância da iniciativa. O vídeo contava também com um jingle em formato de samba, de fácil assimilação para o público.

Trecho do jingle da divulgação do SEREU

"Com S de solidez, E de ética, R de respeito, eu formo SER. Com E de empreendedorismo, U de união, eu formo EU. Isso é valor da gente. Isso é gente de valor. A força desse Grupo está em mim. SEREU é ser Votorantim."

Figura EC1 – Peças de divulgação do SEREU

Fonte: Cedido pela Votorantim.

Um jeito especial de ser exige um jeito especial de agir

No começo de 2010, com os Valores já consolidados em todo o Grupo, a Votorantim se encontrou diante de um novo desafio: alinhar os Valores e as ambições de negócios às suas políticas e práticas de gestão para, com o tempo, obter das pessoas, e principalmente das lideranças, o comportamento desejado e, então, conquistar uma organização de alta performance, conforme a ilustração a seguir.

Figura EC2 – Alinhamento de valores e negócios

Fonte: Cedido pela Votorantim.

Foram realizadas pesquisas com funcionários de diversos níveis da organização para obter as percepções dos princípios de liderança praticados e que a empresa deveria assumir. As lideranças da organização também se reuniram em diferentes encontros para pensar e construir juntas os princípios de gestão que nortearia a forma de agir nas empresas. Desse processo nasceram as Crenças de Gestão Votorantim – Cultivo de Talentos, Meritocracia, Excelência, Pragmatismo, Diálogo Aberto, Aliança e Senso de Dono –, lançadas oficialmente em dezembro de 2010 durante o Encontro das Lideranças, evento promovido pelos acionistas que reúne os principais executivos da organização.

As Crenças representam os comportamentos desejados para o fortalecimento da cultura, na busca do que o Grupo chama de "a construção da Votorantim em que acreditamos". Por isso, essas também passaram a fazer parte do Projeto Identidade. Todas as Unidades de Negócios da Votorantim Industrial no Brasil foram envolvidas.

Cada uma das sete Crenças de Gestão apresentam os comportamentos desejados e não desejados, a fim de nortear o estilo de gestão da organização, guiando o comportamento dos funcionários de todos os níveis, bem como políticas, processos e práticas. Alinhadas aos Valores, as Crenças Votorantim passaram, então, a orientar a maneira de agir de todo o Grupo.

Figura EC3 – Alinhamento das crenças e valores

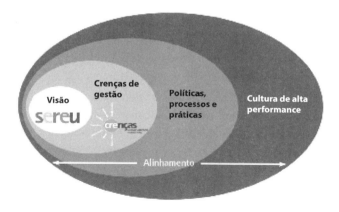

Fonte: Cedido pela Votorantim.

Tanto o processo de formatação dos Valores quanto o de Crenças duraram cerca de um ano, pois era importante envolver as pessoas e garantir que se sentissem parte da evolução da empresa.

"Eu Acredito, Eu Faço", um compromisso de todos

Para disseminar as Crenças estabelecidas, a Votorantim deu início, no primeiro semestre de 2011, a uma série de ações integradas, todas relacionadas a seis conceitos básicos, visando a uma forma educativa de abordagem e comunicação:

1 Conhecer

Por que temos crenças. quais são, em que contexto se inserem, o que esperamos delas

2 Entender

O que significa cada uma das crenças: comportamentos desejados e não desejados

3 Formar

Orientação para ação e decisão

4 Atuar

Inserção das crenças nos processos do dia a dia

5 Sustentar

Monitoramento do conhecimento, compreensão, processos

6 Reconhecer

Reforçar atitudes

A preparação da liderança foi, mais uma vez, o primeiro passo para a disseminação das Crenças, pois a Votorantim acredita que a comunicação face a face é a ferramenta mais eficiente para esses processos que necessitam de engajamento. Essa decisão foi essencial, pois o conceito básico era a forma de agir da liderança (Crenças de Gestão) e era fundamental o envolvimento dos gestores, não só na capacitação, mas, principalmente, como *sponsors*. O objetivo era que o líder se apropriasse da ação de disseminação, evitando que toda a iniciativa se restringisse a uma campanha da comunicação ou um projeto de Recursos Humanos.

Foram realizados workshops envolvendo mais de trezentos executivos, capacitados diretamente pela Academia Votorantim, a universidade corporativa do Grupo. Outros 1.300 gestores foram treinados diretamente pela alta liderança. Além disso, todos os demais programas de formação da Academia Votorantim foram ajustados para que estivessem alinhados e também abordassem as Crenças.

Posteriormente, em transmissão simultânea, ao vivo pela internet, realizada pela primeira vez no Grupo, a alta direção trouxe exemplos práticos das Crenças para mostrar o engajamento dos principais executivos da organização.

O envolvimento dos 15 mil funcionários previsto inicialmente no projeto aconteceu oficialmente no dia 4 de julho de 2011, no lançamento simultâneo das Crenças em trezentas localidades. A data foi batizada de "Dia C" em alusão à palavra Crenças e seguindo a mesma linha da divulgação anterior dos Valores.

Nesse momento, foram realizados, nas unidades, encontros das equipes, vídeos, distribuição de material e a reafirmação do compromisso "Eu Acredito, Eu Faço", como forma de alcançar todos os funcionários.

Como as Crenças estavam diretamente relacionadas aos comportamentos, a Votorantim decidiu dar mais um passo importante para manter o assunto em evidência e cultivar o *storytelling*: funcionários compartilharam histórias de vida relacionadas às Crenças. Foi criado um *hotsite* específico, produzido em forma de mídia social interna. O instrumento despertou curiosidade e interesse, dava a oportunidade ao funcionário de expressar o que via, pensava e qual era seu real entendimento sobre as Crenças. A interatividade foi outro atrativo. Cada pessoa inscrita podia criar um avatar e utilizar o mural para interagir com os colegas, além de assistir vídeos e participar de jogos sobre o assunto.

Além do *hotsite*, as histórias poderiam ser enviadas por meio de totens, urnas ou por e-mail. Durante os quatro meses da ação, foram recebidos mais de 1.400 relatos. Uma equipe multidisciplinar se encarregou de selecionar os relatos que se encaixavam aos preceitos das Crenças, e seus autores recebiam a visita de um "repórter abelha", que, munido de uma câmera, gravava pessoalmente o relato. No total, foram 24 localidades visitadas, mais de 220 entrevistas realizadas e 140 histórias reais editadas. O entrevistador percorreu cerca de 11 mil quilômetros, distância equivalente a uma viagem de ida e volta de Porto Alegre (RS) a Boa Vista (RR), capitais nos dois pontos extremos do País.

Em paralelo ao trabalho de comunicação, os líderes passaram a ser avaliados pela prática das Crenças por meio da avaliação do Sistema de Desenvolvimento Votorantim (SDV), em que as percepções de subordinados, a liderança imediata e a própria autoavaliação permitem o diagnóstico dos comportamentos e possíveis mudanças. Outro retrato é feito nas pesquisas de clima, em que as questões de Crenças são presentes para que haja frequentemente o acompanhamento da prática dos princípios no dia a dia.

Diversas políticas, procedimentos, materiais e iniciativas começaram a ser revistos à luz das Crenças, inclusive a integração de novos funcionários.

Para acompanhar a evolução do conhecimento e também o índice de prática, foi criado o "Crençômetro", uma ferramenta de pesquisa on-line utilizada mensalmente para que os funcionários respondessem se conheciam as sete Crenças e também como essas estavam no dia a dia de cada uma das unidades. Em 2011, 98% dos funcionários pesquisados disseram conhecer as Crenças e 86% afirmaram que as viam aplicadas no dia a dia.

Em relação ao público externo, foram capacitados 95 fornecedores da Votorantim, principalmente da área de gestão de pessoas, para que todos pudessem estar alinhados aos conceitos e diretrizes. Periodicamente, capacitações desse tipo são feitas para garantir o alinhamento com os parceiros e a geração de trabalhos mais aderentes ao jeito de ser e agir da Votorantim. Menções às Crenças e ao jeito de ser e de agir da empresa também eram mensagens presentes em anúncios publicitários de jornais e revistas.

Uma identidade global

A Votorantim é uma empresa brasileira e hoje atua em mais de 20 países. Diante desse cenário, um importante desafio foi levar a Identidade Votorantim para todas essas localidades.

No momento da disseminação, um ponto de reflexão foi como falar em cultura única, respeitando culturas tão diversas de cada país.

Trabalhando em equipe e no compartilhamento de ideias e práticas, as ações foram regionalizadas. Por exemplo, a divulgação dos Valores na Argentina não foi com um jingle de samba, mas sim um de tango. Contudo, a base da disseminação foi exatamente a mesma utilizada no Brasil, seguindo o conceito de envolvimento da liderança, da interatividade e do conhecimento das histórias reais.

A formação das lideranças foi essencial para entender as necessidades específicas e questões legais, fazer a leitura correta dos cenários e também envolvê-los no processo. Detalhes importantes foram levados em consideração: todos os materiais traduzidos passaram por análises de funcionários locais, foram utilizados fornecedores regionais, e representantes dos países passaram pelo processo no Brasil como etapa preparatória.

Atualmente, os Valores e as Crenças do Grupo estão disseminados na Argentina, na Colômbia, no Peru, nos Estados Unidos, no Canadá e na Áustria. O desafio é continuar a fazer o trabalho nos demais países em que a empresa atua.

Construindo a Votorantim em que acreditamos

Estamos aqui com o propósito de construir, juntos, a empresa dos nossos sonhos. Queremos ser protagonistas e fazer parte dessa história, transformando esses sonhos em realidade. Somos movidos pelo prazer da conquista e da realização por meio do trabalho. Não desistimos do que acreditamos e temos a convicção de que podemos tornar a Votorantim cada vez melhor. É isso que nos move e nos faz agir, para evoluir sempre.

O trecho citado, retirado do manifesto da Identidade Votorantim produzido na disseminação das Crenças, reforça o pensamento do Grupo de que trabalhos relacionados à cultura organizacional são de longo prazo e precisam de repetição para que se consolidem, tanto em questões de divulgação de mensagem, de capacitação e formação da equipe interna que se renova com o passar do tempo e, principalmente, na prática diária dos comportamentos.

Acreditamos que a empresa dos sonhos está sempre em construção e que, como disse Carlos Ermírio de Moraes, membro da terceira geração de acionistas e presidente do Conselho de Administração da Votorantim Participações até 2011 (ano de seu falecimento),

> é nosso dever e nossa responsabilidade darmos continuidade a esta história de sucesso que é o Grupo Votorantim. Honrando e fazendo jus àqueles que por aqui passaram, reconhecendo o mérito e o trabalho dos que constroem hoje o nosso Grupo, e abrindo novos caminhos e novas perspectivas para aqueles que nos sucederão. Isso é tarefa para cada um de nós. Vamos, portanto, levar a Identidade Votorantim adiante.

ROTEIRO PARA ANÁLISE DA FACE

Marlene Marchiori

O Grupo de Estudos Comunicação e Cultura Organizacional (Gefacescom),[1] cadastrado no CNPq, nasceu em 2003 na Universidade Estadual de Londrina (UEL).

Um dos maiores desafios organizacionais da atualidade concentra-se, primeiramente, em sua instância interna. Cada organização é única, assim como é o ser humano, com sua cultura peculiar, seus valores, sua forma de ser e ver o mundo. Somos testemunhas de que as organizações são compostas essencialmente de pessoas e sabemos que são elas que fazem, que arquitetam, que realizam e que constroem autenticidade nos relacionamentos. O desvelar das faces da cultura e da comunicação organizacional instiga o conhecimento desses ambientes, em seus processos, práticas, estruturas e relacionamentos.

O Gefacescom, ao desenvolver pesquisas teóricas sobre a temática, identificou que os estudos poderiam ir muito além do entendimento da cultura como visão, missão e valores nas organizações. Assim, desvendou e identificou diferentes faces, que possibilitam o conhecimento das realidades organizacionais, com linguagem e conteúdo próprios, sendo inter-relacionadas com a perspectiva de análise da cultura e da comunicação organizacionais. Um roteiro com sugestões de perguntas, adaptável para a análise de cada estudo temático, pode orientar o desenvolvimento

---

[1] Disponível em: <http://www.uel.br/grupo-estudo/gefacescom>. Acesso em: 16 set. 2013.

de trabalhos nesse campo específico e em seus relacionamentos. O roteiro pode ainda fazer crescer o nível de questionamentos ao explorar, mais detalhadamente, as diferentes faces, de acordo com a realidade observada na organização estudada, fazendo emergir possibilidades de estudos que revelem interfaces e novas faces.

Nos volumes da coleção *Faces da cultura e da comunicação organizacional* encontram-se diferentes roteiros, totalizando mais de setecentos questionamentos.

Agradecemos a participação dos alunos de iniciação científica do Gefacescom, dos pesquisadores colaboradores Regiane Regina Ribeiro e Wilma Villaça e dos colegas Fábia Pereira Lima, Leonardo Gomes Pereira e Márcio Simione que, com seus conhecimentos sobre campos específicos, colaboraram no desenvolvimento dos roteiros.

História e memória

1. Quais foram os principais momentos pelos quais a organização passou e que marcaram sua história (fatos ocorridos no decorrer da vida organizacional)?

2. Cite os fatos que a marcaram positivamente.

3. Cite os fatos críticos registrados na sua história.

4. Qual o nível de aproveitamento da organização quanto às histórias vivenciadas, tanto negativas quanto positivas?

5. Existem registros confiáveis para documentos referentes às épocas mais importantes da organização? Quais?

6. Qual é a importância que a organização dá para sua história?

7. Em que sentido a história influencia a memória organizacional?

8. Quando os funcionários são contratados, há algum contato com a história da organização? De que forma?

9. É realizado algum trabalho que permita manter viva a memória da organização? De que forma?

10. Qual é o objetivo da organização no desenvolvimento desse tipo de trabalho? (Valorizar a origem, a trajetória, as ações e as reações da organização?)

11. A memória organizacional vem sendo preservada? De que forma?

12. Por conta desse trabalho de memória e história da organização, há algum vínculo estabelecido com seus funcionários, familiares, comunidade ou outros públicos? Em caso afirmativo, como acontece?

13. Você acredita que os símbolos contam a história da organização? De que forma? (Metáfora de desempenho – contar histórias.)

14. Para você, os símbolos que a organização utiliza expressam/representam a cultura da organização? De que forma? (Metáfora do símbolo.)

15. Há manutenção ou desvinculação da essência dos valores defendidos pelos fundadores, da época da fundação da organização até os dias atuais?

16. Mitos são histórias consistentes com os valores da organização – narrativas baseadas em eventos ocorridos que informam e reforçam determinado comportamento organizacional. Com base nessa afirmativa, em sua opinião, quais são os mitos da organização?

17. Há relação dos fundadores com os mitos na organização?

18. Qual é a relação dos funcionários com os mitos da organização, ou seja, que reflexo pode ser percebido nas atitudes dos funcionários no que se refere aos mitos da organização?

19. Tudo o que falamos até o momento – visão, missão, valores, políticas, normas, costumes, mitos – têm contribuído para o processo de construção da credibilidade da organização?

20. Para você, existem heróis? Em caso afirmativo, identifique-os e justifique.

Posfácio

História e memória lado a lado

Foi um grande prazer ler e poder escrever sobre este volume 4 da coleção *Faces da cultura e da comunicação organizacional*. Em primeiro lugar, há que se louvar o trabalho cuidadoso e incansável de uma década do Grupo de Estudos Comunicação e Cultura Organizacional (Gefacescom) sediado na Universidade Estadual de Londrina (PR), sob a liderança de Marlene Marchiori, cuja extensa produção acadêmica dos temas cultura e comunicação organizacional já é conhecida daqueles que estudam, pesquisam e se debruçam sobre questões tão relevantes e contemporâneas. Essa temática advoga, com ênfase e propriedade, o conhecimento das noções de cultura e comunicação como centrais para a estruturação e a consolidação de quaisquer organizações em suas diversas configurações institucionais, como organizações governamentais, organizações não governamentais, empresas públicas e privadas, entre outras formas de expressão organizacional de grupos sociais. Com a publicação deste debate atual sobre as noções de História e Memória, agrega-se ainda mais complexidade e densidade aos saberes necessários para se pensar e produzir sobre cultura e comunicação organizacionais.

Assim, graças à oportunidade única de fazer este desfecho, tento lançar igualmente um olhar crítico de mais uma pesquisadora que atua na linha de ação do que é oferecido pelo conjunto dos autores e dos textos aqui reunidos: conhecimento plural, multi e interdisciplinar, com abertura infinita e inesgotável para novos questionamentos e trabalhos no campo dos estudos de cultura e comunicação organizacionais. Sou historiadora e meu ponto de vista é marcado por meu campo de atuação em Conflitos Sociais, Instituições e Políticas Públicas. Esta área temática interdisciplinar que leciono na Universidade Federal do ABC (Ufabc) atravessa a formação acadêmica de profissionais em Políticas Públicas, Economia, Filosofia, Relações Internacionais, Gestão e Planejamento de Território, quase todas as áreas das Ciências Naturais e Exatas e Engenharias, algumas em processo de reconhecimento, como Engenharia Urbano-ambiental e Engenharia de Gestão.

Nessa direção, cabe destacar que o presente volume tem o inegável mérito de trazer uma ampla gama de autores preocupados em debater por que, para quem, em que circunstâncias, com base em que pressupostos teóricos e metodológicos, enfim, de que maneiras uma organização trata sua trajetória histórica e seu patrimônio cultural e quais as relações desses objetivos com entendimentos de cultura e de comunicação representados em suas práticas organizacionais. Emergem constelações de conceitos como historicidade, sujeito, subjetividade, identidade, oralidade, comunidade, *storytelling*, narrativa, antenarrativa, patrimônio cultural, entre outros, que permitem escolher como constituir memórias e histórias que deem subsídio, identidade e legitimidade ímpar às culturas organizacionais e seus meios e formas de comunicação. Em síntese, pesquisadores das várias áreas analisam, ao longo deste livro, como História e Memória estão intimamente relacionadas com Cultura e Comunicação nas organizações e diversas instituições. São levantadas perspectivas teóricas e metodológicas diversificadas sobre como trabalhar com lembranças pessoais e coletivas referentes às organizações, memórias e patrimônios ativados, expressos, organizados, selecionados, preservados, comunicados e – numa só palavra – construídos tanto por pessoas quanto por grupos voltados especificamente para essas finalidades, situados dentro e fora das instituições. É nesse sentido que são estudados e problematizados processos de produção de conhecimento histórico, de construção identitária e de gestão de pessoas e do patrimônio cultural.

Todavia, algo muito singular acontece neste livro, pois aqueles familiarizados com estudos e pesquisas acerca dessas noções conceituais no campo da História e dos estudos de oralidade, sobretudo no âmbito da História Oral, reconhecem, com deleite e interesse, um debate sofisticado e provocador. Há posicionamentos conflituosos, alguns apenas justapostos, outros em diálogo aberto, desvelando mão e contramão de definições tradicionais que afirmam ser a Memória ora subordinada, ora "filha", ora matéria-prima da História. A primeira sendo bastante diferente e, de certa forma, hierarquicamente abaixo da segunda. Tais reflexões, porém, possibilitam reposicionar os próprios termos do debate e colocar lado a lado Memória e História, apresentando de imediato um novo caminho para se percorrer essa temática. Como os estudos sobre memória tornaram-se um campo de produção de saberes e de investigação tão legítimo, autônomo e independente quanto o campo dos estudos históricos? E quais desdobramentos isso acarreta para o que são as próprias culturas acadêmicas e organizacionais com suas múltiplas e tão diversas formas de expressar e comunicar seus resultados de pesquisas sobre memória, história, comunicação e cultura?

A partir disso, muitas outras perguntas vêm à tona. Por exemplo: as histórias de vida das pessoas ou as histórias e memórias feitas pelas organizações, além de meras fontes dos historiadores – consideradas até bem pouco tempo atrás, junto a sociólogos, antropólogos, psicólogos, entre outros, os únicos com aval para lhe garantir legitimidade dentro de um discurso profissional e acadêmico – são ou não são saberes autônomos? Memória e História como práticas organizacionais podem ser democraticamente reconhecidas como outros discursos legítimos e em circulação sobre o mundo em que vivemos? E quais são as implicações possíveis de reconhecimento da pluralidade de interpretações do passado, do presente e do futuro expressas em memórias e histórias, criadas não apenas por profissionais da área de História e afins, para os estudos de cultura e comunicação organizacional? Seria realmente possível admitir que as organizações, com participação ou não de profissionais acadêmicos, criam a todo o tempo discursos sobre História e Memória que se mesclam, se cruzam, dialogam, interagem, são legitimados ou não, entram ou não em conflito com as visões de História e Memória produzidas no âmbito da academia? Quem teria mais poder para afirmar mais verdadeiras que outras suas próprias produções em torno da Memória e da História de uma organização? É possível construir patrimônios e discursos de Memória e de História plurais, heterogêneos, críticos sobre as organizações trabalhando no interior dessas como funcionários? E quando as organizações contratam o trabalho de profissionais acadêmicos, presentes em universidades e também à frente de empresas privadas, para ativar patrimônios e fazer discursos de Memória e de História, os resultados são mais ou menos legítimos, mais ou menos parciais, mais ou menos construídos? Quais os interesses em jogo, os poderes em disputa e as questões e perspectivas éticas envolvidas nos processos de construção histórica e identitária que envolvem Memória, História, Comunicação e Cultura organizacionais? No que se diferenciam as práticas de documentar e construir histórias e memórias de organizações de seus usos em produções e ações de gestão, de comunicação e de propaganda interna e externa? O pano de fundo desses questionamentos é a lembrança de que, desde meados do século 20, há o reconhecimento epistemológico de que todos os historiadores e profissionais das humanidades são tão parciais quanto qualquer outro profissional ou leigo ao tratar da identidade e da trajetória histórica dos sujeitos e grupos humanos, assinalando o fim de qualquer possibilidade real de que se pode ter uma memória e/ou história imparciais, donas de uma verdade absoluta.

Por isso, tomo a liberdade de trazer à luz mais duas noções conceituais incorporadas nos debates contemporâneos sobre memória, história, cultura e comunicação que a leitura do livro faz evocar: **intertextualidade** e **interculturalidade**. Pois o que pude entrever no livro foi precisamente a coexistência instigante, reflexiva e conflituosa de vários discursos sobre as noções conceituais de memória, história, comunicação e cultura, seja sob aspectos acadêmicos gerais ou no que diz respeito às organizações, a seus interesses e suas demandas por afirmação de uma cultura e de uma identidade singular para ser comunicada. E como fazer para estudar o que chamamos, no âmbito dos Estudos Culturais, de intertextualidade existente nesses discursos e nos processos de construção identitária das organizações e, principalmente, de interculturalidade que constroem e reconstroem continuamente culturas organizacionais antes estudadas como mais fechadas e homogêneas? Por que é pertinente tentar compreender que não há uma visão única e, consequentemente, há vários gêneros textuais em circulação sobre Memória e História e seu papel na cultura e na comunicação organizacional? Embora no livro predomine o discurso acadêmico, há destaque para o discurso de uma importante organização empresarial brasileira, feita por seus profissionais, que não são historiadores acadêmicos. Essa distinção profissional e discursiva é relevante e portadora de saberes significativos. O fato é que a justaposição desses gêneros textuais e dos usos diferenciados que fazem das noções de memória, história, cultura e comunicação revela conflitos e fronteiras irregulares, sobrepostas, pouco ou muito definidas, e que ora se apoiam umas nas outras, se definindo e se legitimando pelo que não são.

Isso pode ser chamado de **intertextualidade**, quando se opera com pressupostos epistemológicos, metodológicos e ideológicos variados, combinando e recombinando-se os elementos disponíveis, de forma que os textos e relatos resultantes não tenham, necessariamente, permanência e não expressem nenhuma essência. Isso mesmo que alguns almejem e/ou tenham certa pretensão universalizadora em meio à diversidade incomensurável e irredutível das culturas organizacionais. Já a **interculturalidade** remete à confrontação e ao entrelaçamento que acontece quando os grupos se relacionam e fazem intercâmbios. Interculturalidade implica o fato de que os diferentes grupos e organizações são o que são em relações constantes, complexas, ambíguas e fluidas de negociação, conflito e empréstimos recíprocos. Logo, ampliar análises com foco em intertextualidades e interculturalidades objetiva demarcar que todo conhecimento que se vale de concepções diferentes dos mesmos termos memória, história, cultura e comunicação pode, assim, perceber novas ligações entre si do que é produzido como destinado a alguém, feito por alguém, que partiu de pressupostos epistemológicos, escolhas metodológicas e posicionamentos ideológicos. Desconstruiríamos e assim, quem sabe, construiríamos, por mais esse caminho, outras percepções do que significam certas dimensões envolvidas na produção desse tipo de conhecimento? Valorizaríamos mais os conflitos, negociações, intercâmbios, fluxos interpretativos, margens e fronteiras como parte de qualquer cultura e comunicação organizacional? Permitiríamos que memórias, histórias, comunicações e culturas organizacionais negassem, ocultassem, ignorassem, omitissem ou, então, expusessem, explorassem, compreendessem, ao menos justapusessem memórias e histórias diferentes, conflitantes, marginais, indefiníveis, heterogêneas, contraditórias? Isso poderia, de fato, propiciar que as organizações tivessem processos de desenvolvimento mais enriquecedores, considerando diferenças e conflitos parte indissociável de suas trajetórias e dinâmicas históricas e de transformação, renovação e reinvenção? Essas foram as inúmeras perguntas que pude formular, pois esse volume encanta e acerta ao justapor fluxos interpretativos diferentes. Assim, faz pensar, questionar e, naturalmente, levar adiante tão rico debate.

E isto é, por certo, o que prezo nas culturas organizacionais acadêmicas: poder fazer parte de uma instituição universitária, com foco em ensino, pesquisa e extensão, possibilita discutir com grupos de pesquisa tão produtivos e tentar comunicar construções identitárias que se pretendem críticas e investigativas. Reconfiguramos, desse modo, nossas memórias e histórias, de agora em diante, com mais essas perguntas que esta obra tão instigante e um posfácio sincero permitiram elaborar.

Andrea Paula dos Santos
Professora adjunta da Universidade Federal do ABC (UFABC)

Impressão

Sermograf Artes Gráficas e Editora Ltda.
Rua São Sebastião, 199
Petrópolis, RJ

*Esta obra foi impressa em offset 75g/m² no miolo,
cartão 250g/m² na capa e no formato 16cm x 23cm.*

Dezembro de 2013